공부의 이유와 목적에 대해 고민하는 청년들을 위한

공부하는 그리스도인

도널드 오피츠 · 데릭 멜러비 지음 | 이지혜 옮김

Ivp

IVP(InterVarsity Press)는
캠퍼스와 세상 속의 하나님 나라 운동을 지향하는
IVF(InterVarsity Christian Fellowship)의 출판부로
생각하는 그리스도인을 위한 문서 운동을 실천합니다.

Copyright ⓒ 2007 by Donald Opitz and Derek Melleby
Originally published in English under the title
The Outrageous Idea of Academic Faithfulness by Brazos Press,
a division of Baker Publishing Group,
Grands Rapids, Michigan, 49615, U.S.A.
All rights reserved.

Korean Edition ⓒ 2010 by Korea InterVarsity Press
156-10 Donggyo-ro, Mapo-gu, Seoul 04031, Republic of Korea

The Ourtrageous Idea of Academic Faithfulness

Donald Opitz & Derek Melleby

차례

추천사　　7
감사의 말　　15
머리말　　17

1장 전혀 새로운 세상을 만나다　　23
맥주와 서커스 | 성적과 상장 | 당신의 전부를 걸라

2장 바벨론 U　　37
다니엘과 세 친구 | 풀무불 속의 믿음 | 사금 캐기

3장 믿는 것이 보는 것이다　　53
소용돌이를 벗어나 세계관 속으로 | 게슈탈트 | 창조-타락-구속-회복 | 다시 눈 뜬 사울

4장 이야기 구조의 삶　　71
샤이어의 삶 | 상충되는 이야기 | 이야기 듣기와 말하기

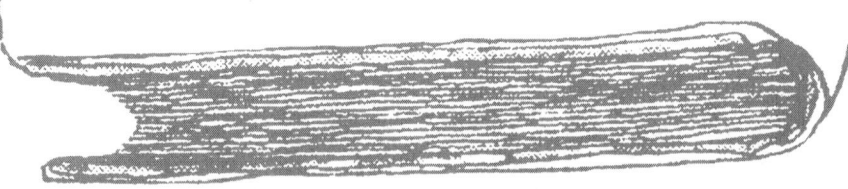

5장 물고기 눈 학습   87

실체 없는 지성 | 성경적 사고방식 | 창조 | 타락 | 구속 | 회복

6장 4I 학습   99

통합 | 우상 | 투자 | 상상력 | 허비의 성경

7장 무모한 생각의 구체화   119

위로, 옆으로 맺는 관계 | 천천히 깊이 파기

8장 미끄럼틀과 사다리   137

두 번 읽기, 세 번 쓰기 | 꿈은 크게, 행동은 작게 | 열심히 일하고, 열심히 놀라

맺음말   159

학생 설문조사   165

부록   169

주   209

추천사

우종학 _ 서울대 물리천문학부 교수

짧지 않은 세월 대학에서 공부하고 일하며 나는 두 종류의 그리스도인 학생들을 보았다. 스펙을 쌓는 자와 스펙을 포기한 자. 여러분이 현재 대학생이라면 직업훈련학교에 온 것을 환영한다. 그렇다. 교육과 학문을 추구하던 대학은 좋은 스펙을 갖추고 좋은 직장을 얻기 위한 직업훈련학교로 전락했다. 진리를 추구하는 학생은 글쎄…, 잘 보이지 않는다. 의학/법학 대학원에 진학하는 데 도움이 되거나 학점 관리에 유리한 과목들은 인기를 얻는 반면, 드넓은 우주와 세상 그리고 역사를 보며 인생에 대해 진지하게 고민하게 하는 과목들은 별로 인기가 없다. 경제력이 모든 것의 척도가 된 지금, 대세를 따르지 않으면 손해 볼까 불안한 사회에서 대학생들의 스펙 쌓기는 당연히 생존이 걸린 목표가 되었다. 그리스도인 학생들? 더 심하면 심했지 덜 하지 않다. 더군다나 그들에게는 주님의 영광을 위해 스펙을 쌓는다는, 정말 주를 위한 것인지 자신을 위한 것인지 스스로도 판단키 어려운 거룩한(?) 동기가 있지 않은가. 이렇게 물어 보자. 당신은 대학 졸업 후에 무엇을 얻길 바라는가? 좋은 직장? 훌륭한 배우자? 그렇다면 다시 한 번 환영한다. 직업훈련학교에 온 것을.

다수는 아니지만 또 한 부류가 있다. 바로 스펙을 포기한 자들이다. 세속적인 것들은 모두 십자가의 불길에 태워 버리고, 오직 주님만을 바라보고 교회와 공동체에만 헌신한 자들이다. 학점에 관심을 갖고 좋은 직장을 바라고 학문을 추구하는 것은 주님 나라를 위해 버려야 하는 하찮은 것들이라고 당차게 생각하는 자들이다. 하지만 세속적이라고 생각했던 것들, 자연 세계와 국제관계와 사회구조와 학문과 문화예술에 주께서 관심을 가지신다면 어떻게 할 것인가? 결국 다 주님의 창조물인데 어찌 주께서 좁은 교회 안의 일들에만 관심이 있으시다고 판단할 것인가?

오래된 이야기지만 대학에 들어가면서 나는 무척 혼란스러웠다. 고등학교 때까지 순진하게 믿었던 '사실'들이 흔들렸고, 과연 어디까지가 진짜고 어디까지가 가짜인지를 가늠하는 일에 대학 시절의 절반을 소비했다. 우리나라의 역사가 그랬고 우주의 역사가 그랬고 기독교 신앙이 그랬다. 그때도 남은 거들떠보지 않고 공부만 하는 이기적인 학생들이 있었고, 주님만 바라보고 공부하지 않는 평안하고 게으른 학생들도 있었다. 물론 다수는 그 중간 어디쯤에 있었겠지만, 공부를 열심히 해도 괴로웠고 안 해도 괴로웠다. 과 친구들은 기독학생 운동에 온통 시간을 빼앗기는 나를 이상한 눈초리로 쳐다보았고, 전공에 하나님의 뜻이 있으니 총무로 헌신하지 못하겠다는 내 답변에 공동체 리더들은 실망하는 눈치였다. 결국 기독교 세계관을 공부하면서 얻은 답은 이것이었다.

신실하게 학업을 하라. 그래, 이기적으로 학업을 하는 것이 아니라, 주께 하듯, 신실하게 학업을 하라.

정말 주님이 내가 무슨 수업을 듣고 어떻게 공부하는지에 관심이 있으실까? 주님이 하루 대부분의 시간을 차지하는 나의 학업(직장생활도 마찬가지다)에 별 관심이 없으시다면 당장 때려치우고 말지 왜 계속하는가? 그래도 대학은 나와야 밥을 먹고 사니까? 주님은 하늘의 새와 들의 꽃도 먹이고 입히신다. 이 책의 핵심 주장은 "하나님이 우리의 학업에 지극히 관심을 갖고 계시다는 것"이다. 그렇다. 주님은 창조계의 반쪽만 소유하신 분이 아니다. 교회 안에만 살아 계신 분도 아니다. 그분은 세상 전체의 주인이시며 타락하고 어그러진 영역들에 지극한 사랑과 관심을 쏟고 계시는 분이다. 그래서 세상에서 우리가 어떻게 사는지를 끊임없이 지켜보시고, 훈련의 과정인 대학에서의 교육, 즉 학업에 지극한 관심을 갖고 계신다.

사실 대학 교육은 무척 중요하다. 세상에 제대로 눈을 뜨는 시기인 20대 초반에 우리는 특정한 사고방식을 배우고 특정한 생활방식을 익힌다. 그리고 많은 경우, 그 방식들이 이후의 인생을 좌우한다. 대학에서 우리는 다양한 삶의 모습들을 보면서 어떻게 사는 게 옳은 건지, 이런 질문 자체가 의미 있기는 한 건지 묻게 된다. 서로 모순된 그러나 권위 있는 주장들을 들으며 우리의 정신은 알게 모르게 분열을 겪는다. 신은 죽었으니 모든 것이 가능하다는 카라마조프 식의 메시지가 던져지고 그 우산 아래서 쾌락을 좇는 방탕한 삶도 보인다. 돈으로 모든 것을 살 수 있다, 벌어라, 억만장자가 되라는 메시지는 시도 때도 없이 우리를 자극한다. 돈복음의 예화로 사용되는, 누가 어떤 직장을 잡아 어떻게 돈을 벌었다더라는 성공담이 즐비하다. 인간은 결국 우연히 왔다 가는 무의미한 존재일 뿐이라는 냉소적이고 허무한 메시지가, 어두운 밤 외로운 기숙사 방에 불쑥 찾아와 알 수 없는 우울과 슬픔 가운데 밤을 지새우게 하기도 한다. 누구를 만나 어떤 영향을 받는가에 따라 세상을 보는 방식이 결정된다. 잘못된 세계관이라는 불량 안경을 쓰게 되면 세상을 제대로 볼 수가 없다. 그 안경 너머의 세상은 희미하고 혼란스러울 뿐이다. 대학이 전쟁터인 이유는 까딱 잘못하다간 평생 불량 안경을 쓰고 살게 될 위험이 존재하기 때문이다. 하나님이 우리의 학업에 관심을 갖고 계신 이유, 그리고 우리가 학업에 지극히 신경을 써야 할 이유가 바로 여기 있다.

물론 4년의 대학 생활이 모든 것을 해결해 주지는 않지만 인생의 첫 단추를 끼우는 중요한 시기임에 틀림없다. 이 책은 그 방향을 제시해 주는 입문서다. 저자들의 주장처럼 그리스도인 학생들이 추구해야 할 가치는 바로 '신앙과 학문의 통합'이다. 그들은 "하나님에 대한 믿음과 창조 영역을 연결하는 지혜와 통찰을 추구하는 것"을 신앙과 학문의 통합이라고 정의한다. 학문의 세계는 워낙 넓고 신앙의 내용 역시 광범위하기 때문에, 신앙과 학문의 통합이라는 말은 다양한 의미를 담고 있으며 여러 오해를 불러일으킬 소지가 있다. 그러나 이 말은 학문을 뭔가 기독교적으로 만들라는 말이 아니다. 기독교적으로 하는 축구, 기독교적으로 만든 김밥이 말이 되지 않듯이, 신앙과 학문의 통합은 단지 제3의 뭔가를 만들어 내라는 의미가 아니다. 대학생들에게 해당되는 '신앙과 학문의 통합'은, 대학에서 가르치는 세속 학문을 배우되 성경적 시각을 갖고 비판적으로 수용하라는 의미에 가깝다. 이런 비판적 수용 능력은 앞으로 우리의 삶을 하나님 나라라는 큰 흐름 안에서 조망할 수 있게 해준다.

학문의 밑바탕에 깔린 전제들을 끄집어내고 비판하며 하나님의 창조와 구속이라는 틀에서 재해석하는 작업은 매우 중요하다. 과학 분야를 예로 들어 보자. 현대 과학이 밝혀내는 결과들은 수용해야 한다. 결국, 자연 세계는 하나님의 지혜와 지식의 풍요함으로 만들어졌고 자연 세계를 연구한 과학의 내용들은 하나님의 지식이 아닌가. 그러나 과학자들이나 교수들이 흔히 덧붙이는 해석들, 가령 자연법칙으로 설명되는 자연계에는 신이 없다는 전제들은 걸러낼 수 있어야 한다. 그런 주장들은 과학이 뒷받침해 주는 내용이 아니라 하나의 전제 혹은 해석일 뿐이다. 우리에게 요구되는 것이 바로 이러한 비판적 수용 능력이다. 더 나아가 학자들에게는 기독교적 해석 작업이 요구된다. 무신론자들이 끊임없이 과학의 결과를 해석하여 신이 없다고, 종교는 과학의 결과 앞에 폐기되어야 한다고 주장할 때, 거꾸로 그리스도인 과학자들은 그런 과학의 결과가 신의 지혜에서 나온 것이라는 해석을 적극적으로 내놓아야 한다. 이런 작업을 끊임없이 하지 않는다면 결국 마크 놀이 「복음주의 지성의 스캔들」(IVP 근간)에서 지적했듯이 과학 분야에서의 기독교적 지성은 사라지게 된다.

그러나 신앙과 학문의 통합은 단지 이해력에만 그치는 것이 아니다. 그것은 더욱 적극적인 의미에서 신선하고 놀라운 결과들을 낳을 수 있다. 나는 신앙을 가진 그리스도인들이 다양한 학문 분야에서 탁월함을 보일 수 있다고 믿는다. 그 이유는 우리에게 해방된 상상력이 있기 때문이다. 자기중심성을 벗어날 수 있는 자유함, 남들이 모두 잘

나가기 위해 노력할 때 자기중심성을 뛰어넘어 학문에 몰입할 수 있는 능력. 남들에게 인정받기 위한 이기적인 동기로 학문을 추구할 때보다, 하나님을 사랑하는 마음으로 하나님의 작품에 몰입할 때 더 나은 탁월함이 나올 수 있다고 믿는다. 인간의 이기성은 우리의 눈을 흐리게 하며 학문의 대상을 철저히 객관적으로 보지 못하게 한다. 하나님이 세상의 주인이시라면 그분의 시각을 가지고 세상을 보는 것이 가장 정확하다. 세상을 창조하신 지혜의 주인이신 그분, 그 포도나무에 연결되어 끊임없이 지혜를 구할 때 우리는 넘쳐나는 상상력을 받을 수 있다. 연구가 막힐 때마다 새로운 돌파구가 필요할 때마다 나는 그분께 상상력을 구한다. 주시는 상상력을 통해 고비를 넘긴 경험이 어디 한두 번이겠는가? 어디 나 혼자만의 경험이겠는가? 하나님의 형상을 가진 우리가 창조의 상상력을 통해 탁월함을 이루는 것, 그것이 바로 하나님의 창조에 동참하는 일이다. 해방된 상상력은 복음의 능력이다.

학문적 신실함은 무모한 생각일 수 있다고 저자들은 지적한다. 그렇다. 스펙을 쌓는 자들에게, 그리고 스펙을 포기한 자들에게 학문적 신실함은 고리타분하고 케케묵은 소리로 들릴 것이다. 그러나 "여러분은 이 세대를 본받지 말고 오직 마음을 새롭게 함으로 변화를 받아 하나님의 선하시고 기뻐하시고 온전하신 뜻이 무엇인지 분별하도록 하십시오"(롬 12:2, 우리말성경)라는 말씀은 대세를 거스르고 무모함을 추구하라고 우리를 권면하고 있지 않는가? 무모한 일이 가능하려면 무모할 정도의 노력이 필요하다. 분명, 희생이 따른다. 학문에도 충실하면서 기독교 세계관을 훈련하여 신앙과 학문의 통합을 이루어내기 위해서는 뼈를 깎는 노력이 필요하다. 그러나 여러분은 이 책을 통해 어디로 가야 할지 방향을 잡고 첫발을 내디딜 수 있을 것이다.

    자, 준비되었는가?

감사의 말

고맙다는 인사는 직접 전하는 것이 가장 좋지만, 글로도 짧은 인사를 해야 도리일 것 같습니다. 전문 지식을 나누어 주고 격려를 아끼지 않은 친구들, 바이런 보거, 월트 뮬러, 크리스와 제인 클레인, 수하일 해나, 빌 로마노프스키에게 감사드립니다. 브라조스 출판사 편집부 로드니 클랩, 레베카 쿠퍼, 제러미 웰스의 지도와 도움에도 감사드립니다. 이 책을 쓰는 동안 여러 학생들의 의견을 듣고 그 내용의 일부를 책에 싣기도 했습니다. 크리스티 구스타프슨, 에린 리히티, 마이크 매스터, 브리아 맥컬리, 몰리 메트칼프에게 고마움을 전합니다. 마지막으로, 우리를 참고 견뎌 주며 우리가 던진 농담에 (가끔씩) 웃어 주는 사랑스런 아내 크리스틴과 하이디에게 감사드립니다. 여러분 모두를 향한 고마움은 이루 다 말로 표현할 수 없습니다.

머리말

이 책은 두 친구가 공통의 관심사를 가지고 꽃 피운 우정의 산물이다. 이 책에는 우리 두 사람뿐 아니라 학생들과 캠퍼스 사역자들, 또 책으로 만난 여러 저자들의 목소리가 녹아 있다. 이것이 한데 어우러져 당신을 모험 가운데로 초청하기를 간절히 바란다. 우리도 대학 시절 그런 초대를 받았었다. 그러나 대학에 입학하면서부터 그런 모험을 할 수 있었으면 얼마나 좋았을까 생각해 본다.

    이 책은 출발지부터 목적지까지 당신을 인도해 줄 지도나 가이드북이 아니다. 이 책이 다루는 주제는 너무나 크고 깊으며 개인적이기 때문에 한 장의 지도로 표현하기 어렵다. 오히려 이 책을 인생의 표지판으로 생각해 주면 좋겠다. 당신을 **학문적 신실함**이라는 모험으로 이끌어 줄 표지판 말이다. 우리의 이야기는 물론 다른 사람들이 유용하다고 느낀 이야기와 제안을 이곳에 모았다. 여기 나오는 생생한 증언들이 당신의 신앙 여정에 도움이 되기를 바라마지 않는다.

그러나 홀로 이 여정을 출발하지 않아도 된다. 다른 사람과 이 길에 동행할 때 참여와 변화가 지속되는 것을 우리는 목격했다. 소그룹이나 수업 시간에 친구나 멘토와 함께 이 책을 읽고 나눌 기회가 있을지 모르겠다. 이 책이 제기하는 도전에 대해 함께 생각해 보고, 여기 나온 이야기에 당신의 이야기를 덧붙일 수도 있을 것이다. 홀로 트래킹에 나선 이들이 있다면 온라인에서 길동무를 찾을 수 있다. 웹사이트 www.academicfaithfulness.com을 방문하면 질문도 올리고 참고자료도 찾아보고 다른 사람의 모험담도 들을 수 있다.

이 책의 제목은 백 퍼센트 창작이 아니다. 훌륭한 역사학자 조지 마스덴(George Marsden)이 1997년 출간한 얇은 책자의 제목이 「기독교적 학문 연구@현대 학문 세계」(*The Outrageous Idea of Christian Scholarship*, IVP 역간, 절판)였다. 그 책에서 마스덴은 전작 「미국 대학의 정신」(*The Soul of the American University*)에서 놓친 부분을 다루고 있다. 마스덴 박사는 그리스도인 교수진이 연구와 저작 활동에서 좀더 철저하게 그리스도인다워야 한다고 주장한다. 교수로서 하는 연구와 기독교 신앙을 의도적으로 통합해야 한다는 것이다. 우리는 마스덴 박사가 주장한 학문적 신실함의 소명을 더 확장하려 한다. 학문적 신실함은 교수뿐 아니라 모든 그리스도인 학생에게 주신 하나님의 소명이라 확신하기 때문이다. 우리는 이 책을 통해 기독교적이면서도 문화적으로 적실성 있는 배움의 여정으로 학생들을 초대하고자 한다. 그리스도인이라면 누구나 "모든 생각을 사로잡아 그리스도에게 복종"(고후 10:5)하는 일로 부름받았다고 믿는다. 우리의 전 존재와 소유를 아낌없이 드려 왕 되신 분을 섬기는 것, 그것이 바로 이 여정이다. 대학 시절은 그분께 우리의 배움을 드리는 특별한 기회다.

우리가 마스덴의 책 제목을 따라 한 이유는 '무모한'(outrageous)이라는 단어가 마음에 들었기 때문이다. 아마도 대다수의 교수들은 학문과 신앙을 통합하고자 하는 시도가 무모하다고 생각할 것이다. 당신의 친구들, 심지어 그리스도인 친구들까지도 학문적 신실함이 황당무계하고 말도 안 되는 도전이라고 생각할 것이다. 학문적 신실함의 본질을 탐구하기 시작하면, 이 책을 읽는 당신조차 그 일이 조금은 무모하게 생각될지도 모른다. 우리의 경험을 미루어 보아도, 그리스도인 학생들은 학문적 신실함이나 기독교 학문이라는 주제에 대해 자신들의 한계를 넘어서는 일이라고 여길 때가 많다. 배짱 좋고 명석한, 특별한 은사를 가진 학생들에게나 해당되는 일이라는 것이다. 그러나 우리는 하나님이 모든 그리스도인 학생을 이 일로 부르셨다고 믿는다. 우리가 그리스도인과 학생이라는 두 단어의 상관성을 살펴보려 하는 이유도 바로 그 때문이다.

- 하나님은 학문을 중요하게 여기시는가?
- 그리스도인이 대학생이 되면 무엇이 달라지는가?
- 강의실에서 신앙은 어떤 모습으로 드러나는가?
- 기독교적 관점이란 무엇이며, 그것을 어떻게 개발할 수 있는가?

캠퍼스의 그리스도인 학생들 사이에서 흔히 볼 수 있는, 하나님을 열정적으로 예배하는 모습과 학문 세계(리포트 작성, 과제물 읽기, 연구 등) 사이에는 어떤 관계가 있는가?

무모함이라는 단어가 낯선 사람들도 있겠지만 기독교적 제자도가 우리에게 요구하는 것이 바로 그것이 아니겠는가. 무모한 은혜 가운데 살아가는 삶, 예상을 초월하여 거침없이(무모하게!) 사랑하는 삶, 말할 수 없는 감사로 기뻐하는 삶, 미련 없이 고난당하고 섬기는 삶(어떻게 그런 일이 가능한가?!) 말이다. 대학에서 학문의 소명을 감당하는 동안 당신의 학업이 무모할 수밖에 없으리라고 우리는 확신한다. 학문적 신실함은 무모하다. 이미 여러분 중 몇몇은 이것이 자신이 그토록 바라 왔던 여정임을 깨닫기 시작했을 것이다.

우리는 그리스도인의 삶이 학문적 신실함보다 훨씬 더 포괄적이라는 점을 처음부터 분명히 해 두고자 한다. 학문적 신실함은 예수 그리스도의 주되심을 인정하는 삶의 한 측면에 불과하다. 삶의 모든 영역은 그리스도의 주되심 아래 있기에, 그리스도인의 제자도는 다방면에 걸쳐 드러난다. 그리스도의 제자 된 우리는 신실함이 삶의 다양한 측면에서 어떻게 드러나야 하는지 분별해야 한다. 즉, 교회 생활에서, 가족 관계나 친구 관계에서, 가난하고 고통받는 사람들을 돕는 구제 활동에서, 시민으로서, (재정 및 환경의) 청지기로서, 휴식과 예술을 향유하는 데서, 그리스도인의 신실함이 드러나야 한다. 하나님이 이 창조 세계에서 우리에게 요구하시는 다양한 소명을 분별해 가는 동안, 우리 앞에는 평생의 제자도가 기다리고 있다. 기독교적 관점에서는 모든 인생이 중요하고, 모든 일상이 중요하다. 또한 하나님이 우리 인생에서 정말로 중요한 것이 무엇인지 알려 주신다는 사실을 발견하는 가운데 큰 기쁨이 있다! 당신이 **학문적 신실함**이라는 제자도의 한 측면을 개발하기 시작하면, 삶의 다른 영역에서도 신실함을 더 깊이 있게 추구할 수 있으리라 믿는다.

학문적 신실함을 추구한다고 해서 그리스도인이 감당해야 할 다른 훈련, 즉 기도나 성경 읽기, 성도간의 교제 등을 대체할 수 있는 것은 아니다. 기도나 성경 읽기, 예배, 멘토나 동료들과의 깊이 있는 대화가 없이는 성장할 수 없다. 그러나 삶의 문제를 다루지 못해 엉뚱한 곳으로 흘러가 버리는 양육이 얼마나 많은지 모른다. 싫든 좋든, 학업은 당신의 삶에서 핵심적인 문제이기 때문에 학문에 대한 기독교적 관점을 정립하는 것은 신앙을 표현하는 중요한 통로가 된다.

이 책은 누구를 위한 책인가? 사려 깊은 독자라면 누구나 이 책에서 유익을 얻겠지만, 우리는 특정한 독자를 염두에 두고 이 책을 저술했다. 그리스도인 학생들, 특히 고등학교 졸업을 앞두고 있거나 이제 막 대학에 입학한 새내기들을 염두에 두었다. 이 책은 제자들을 위한 책이다. 학생은 배우는 사람, 즉 제자이며, 제자도는 평생의 임무다. 이미 그리스도의 제자인 독자들은 삶의 모든 영역이 그리스도 안에서 구속되었다는 사실과 만유의 주 되신 그분이 우리를 대사이자 화해자로, 또한 일꾼과 종(성경에는 많은 비유가 등장한다)으로 부르셨다는 사실을 알고 있을 것이다. 신앙이 그저 삶의 일부분이나 덤이 아니라 생의 근원임을 이미 간파했을지도 모른다. 우리는 이런 즐겁고도 풍성한 관점을 당신과 함께 나누고 싶다. 매일의 일상(수업을 듣고 공부하는 것)으로 하나님을 섬기는 깊은 만족을 여러분 모두가 누리게 되길 바란다. 그리스도를 당신의 사고의 주님으로 높이는 부단한 도전을 체험하기 바란다. 당신의 학업(공부와 계획, 꿈)을 실천하는 것이 곧 사랑의 표현이요, 하나님의 사랑을 전달하는 통로가 되길 간절히 바란다.

즐거운 독서를 위해 몇 가지 준비한 것이 있다. 주는 각주가 아니라 책 후반부에 미주로 한꺼번에 정리했다. 각 장 마지막에는 토론문제를 넣어 친구들과 함께 핵심 내용을 복습할 수 있도록 했다. 책의 저자는 두 사람이지만 혼란을 피하기 위해 일인칭 주어를 사용했다. 마지막으로, 이 책에 등장하는 학생은 몇 안 되지만 그들이 이야기는 우리가 이 책을 쓰면서 만난 학생들의 의견을 대변한다.

이 책이 말하려는 무모한 주제는 하나님이 우리의 학업에 지극히 관심이 있으시다는 것이다. 하나님은 배움을 좋아하신다. 골로새서 2:3은 그리스도 안에 "지혜와 지식의 모든 보화가 감추어져 있느니라"라고 말한다. 그리스도는 배움의 근원이시며, 그의 제자들은 그 지혜와 지식의 수혜자들이다. 믿음 가운데 배울 때 경이로움과 통찰, 사랑의 역량이 커질 뿐 아니라 다른 사람들에게도 유익을 끼칠 것이다. 신앙과 학문을 통합하는 것, 그것이 핵심이다.

■ 토론문제

❶ 학문적 신실함이라는 말을 들으면 무슨 생각이 떠오르는가?

❷ 지금 이 시점에서, 하나님이 당신의 학업에 지극히 관심이 있으시다는 이 책의 무모한 전제를 믿는가?

❸ 주변에 학문적 신실함을 무모하다고 생각하는 사람들이 있다면, 그들은 어떤 사람이며 그렇게 생각하는 이유는 무엇일지 이야기해 보자.

❹ 고린도후서 10:5과 골로새서 2:3이 학업에 대해 갖는 함의를 생각해 보자.

1장
전혀 새로운 세상을 만나다

1장 전혀 새로운 세상을 만나다 · 맥주와 서커스 · 성적과 상상 · 당신의 전부를 걸라 · 2장 바벨론 U · 다니엘과 세 친구 · 물무풀 속의 믿음 · 사금 캐기 · 3장 믿는 것이 보는 것이다 · 소용돌이를 벗어나 세계관 속으로 · 게슈탈트 · 창조—타락—구속—회복 · 다시 눈 뜬 사물 · 4장 이야기 구조의 삶 사이어의 삶 상충되는 이야기 · 이야기 듣기와 말하기 · 5장 물고기 눈 학습 · 실체 없는 지성 · 성경적 사고 방식 · 창조 · 타락 · 구속 · 회복 · 6장 4R 학습 · 통합 · 우상 · 투자 · 상상력 · 허비의 성경 · 7장 무모한 생각의 구체화 · 위로, 옆으로 맺는 관계 · 천천히 깊이 파기 · 8장 미끄럼틀과 사다리 · 두 번 읽기, 세 번 쓰기 꿈은 크게, 행동은 작게 · 열심히 일하고, 열심히 놀라

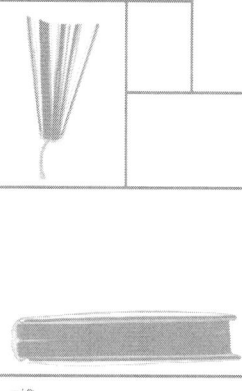

- 하나님은 학문을 중요하게 여기시는가?
- 대학생이 그리스도인이 되면 무엇이 달라지는가?
- 강의실에서 신앙은 어떤 모습으로 드러나는가?
- 기독교적 관점이란 무엇이며,
  우리는 그것을 어떻게 개발할 수 있는가?
- 내 인생은 어디로 흘러가는가?
- 나는 대학에서 어떤 종류의 사람이 될 것인가?
- 내가 어울릴 만한 곳은 어디일까?
- 양팔 가득 상자를 든, 선글라스를 낀 저 여학생은 누구지?

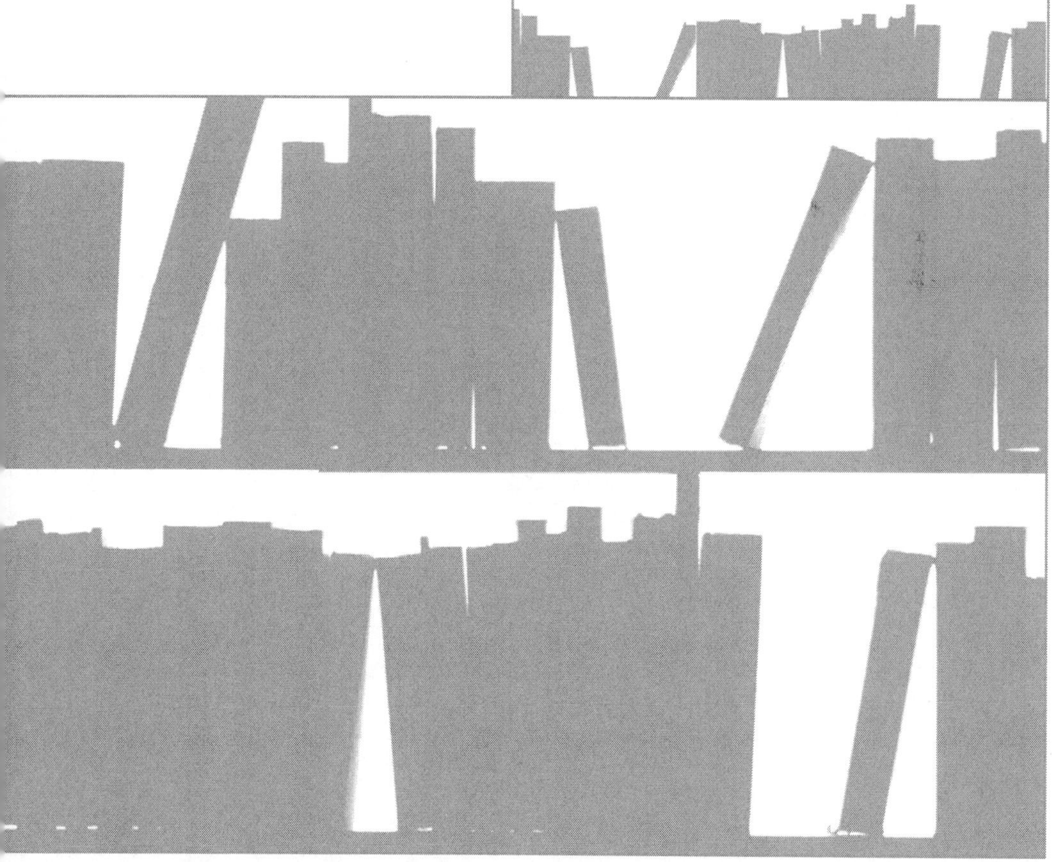

그 너구리가 도대체 어디다 정신을 팔고 있었는지 모르겠다. 도로 위에 꼼짝 않고 앉아 있는 너구리의 휘둥그레진 눈에 자동차 헤드라이트가 반사되어 비쳤다. 이제 갓 초보딱지를 뗀 딸이 운전대를 잡고 있었다. 야생동물을 아끼는 마음이 끔찍했던 케이티는 급하게 방향을 틀다가 15센티미터 높이의 갓돌을 쿵 하고 들이받았고, 그 바람에 오른쪽 앞 타이어가 터졌다. 딸아이와 나는 너무 놀라 가만히 앉아 있었다. 지금 생각하면 그때 그 너구리가 무슨 생각을 하고 있었을지 짐작이 간다. '아, 이제 나는 끝이구나!'

대학에 입학한 첫 날, 나는 당혹감에 두 눈이 휘둥그레졌다. 내 인생은 끝났구나. 어쨌든 인생의 첫 무대는 끝이 났으니 말이다. 룸메이트가 도착하기를 기다리며 기숙사 침대 위에 앉아 있으려니, 우리 집이며 친구들, 그곳의 일상, 우리 가족까지 모두 떠나왔단 생각이 들었다. 두려운 감정은 마음속 깊은 곳에 묻어 놓았지만, 불안한 생각이 머릿속을 떠나지 않았다.

- 내 인생은 어디로 흘러가는 걸까?
- 나는 앞으로 대학에서 어떤 사람이 될까?
- 내가 어울릴 만한 곳은 어디일까?
- 양팔 가득 상자를 든, 선글라스를 낀 저 여학생은 누굴까?

어떤 녀석이 룸메이트가 될지, 저녁은 어디서 먹어야 할지, 왜 대학에 왔는지, 그 여학생의 이름은 뭔지 알 방법이 없었다. 무언가 흥미진진하면서 조금은 두려운 일이 벌어지고 있다는 사실만 알 뿐이었다. 자동차 헤드라이트에 얼어 버릴 정도는 아니었지만, 동서남북을 분간할 수 없는 도로 위에 있다는 사실만큼은 확실했다. 새로운 어떤 것 혹은 인생의 다음 단계를 준비하고 있던 나는 두려움이나 후회 때문이 아니라 충만한 기대감으로 눈이 번쩍 뜨였다.

학생들은 대학 생활에 대한 온갖 기대에 부풀어 대학에 진학한다. 조회 시간이나 학급 회의처럼 짜증나는 시간이 사라진 것만 빼고는 고등학교 때와 똑같을 거라 기대하는 학생들도 있기는 하다. 나는 대학 생활이 야구 캠프와 비슷하지 않을까 생각했다. 전에 대학교에 와 본 적이라고는 야구 캠프가 유일했기 때문이다. 그래서인지 나는 새내기 시절을 대부분 체육관에서 보냈다. 어떤 친구는 대학교를 24시간 커피숍으로 생각했다. 그 친구는 밤새 기타를 치면서 신파조의 사랑 노래를 불러 댔다. 어떤 기대감을 가지고 대학에 오느냐에 따라 대학 생활은 달라지게 마련이다. 대부분의 학생들은 다음의 두 가지를 흔히 기대한다.

↓ 맥주와 서커스

첫 번째 기대감을 '맥주와 서커스'라고 하자. 이 역시 머레이 스퍼버(Murray Sperber)의 책에서 따온 제목이다.[1] 많은 학생들이 "아메리칸 파이 2"(American Pie 2) 같은 영화를 보고는, 술을 물 붓듯이 마시며 규칙을 어기고 쾌락을 만끽하는 이야기에서 얻은 기대감을 가지고 대학에 온다. 윤활유 역할을 해주는 알코올이 사라진다면 대학 생활의 재미는 반감될 것이다. 하지만 학생들이 그저 맥주에 빠져서 허우적거리는 것만은 아니다. 스퍼버가 대학 생활에서 가장 염려한 부분이 서커스 쇼이기는 하지만, 이외에도 학생들을 공부에 집중하지 못하게 하는 수많은 문제들이 도사리고 있다.

'맥주와 서커스'라는 말이 새내기들의 기대감을 너무 냉소적으로 표현한 것일 수도 있다. 똑같은 기대감을 '자율성과 탐색'이라고 이름 붙일 수도 있겠지만, '맥주와 서커스'만큼 귀에 쏙 들어오지는 않을 것이다. 하지만 골자는 이런 식으로 늘 똑같다. "부모님의 감시와 거짓 한계에서 벗어나 내 마음대로 할 수 있다. 어떤 종류의 직업을 원하고 어떤 종류의 사람이 되고 싶은지 내 스스로 결정하기 위해 대학에 왔다." 솔직히 말하자면, 나도 이런 거창한 기대감을 안고 대학 생활을 시작했다.

탐 울프(Tom Wolfe)는 최신작 「나는 샬럿 시몬스: 소설」(*I Am Charlotte Simmons: A Novel*)에서 맥주와 서커스 식 대학 생활을 예리하게 묘사한다.[2] 청년 샬럿은 자기 정체성을 형성하기 위해 대학 생활을 시작한다. 얼마 못 가 그녀는 담당 교수가 별 도움이 되지 못한다는 사실을 발견한다. 자신이 대학 교과과정이나 학문 연구가 아니라 학생 문화라는 환경에서 대부분의 시간을 보내며, 이것이 자아 정체성에 큰 영향을 끼친다는 사실을 알게 된 것이다. 그 학생 문화란 다름 아닌 소비(특히 술과 섹스), 착취, 냉소주의가 지배하는 문화다. 샬럿의 형편없는 정체성은 분명 그녀의 경험 때문인데, 그 경험은 끔찍이도 고통스럽다. 이 책은 심약한 사람들을 위한 소설이 아니다. 하지만 미국 대학 문화 가운데 살아가는 것 역시 심약한 사람들에게는 힘든 일일 것이다. 대학 생활은 당신의 삶을 영원히 바꾸어 놓을 것이다. 실제로 많은 학생들이 깊은 상처를 안고 대학을 졸업한다.

맥주와 서커스 문화는 캠퍼스뿐만 아니라 그리스도인 **리더들** 사이에도 깊숙이 배어 있다. 어느 화창한 4월 오후, 사무실로 걸려온 전화를 한 통 받았다. 당시 나는 교목실은 아니지만 캠퍼스 사역단체에서 일하고 있었다. 기독교 선교단체의 학생 대표를 맡고 있는 세 친구가 캠퍼스 중앙에 있는 테니스장에서 함께 테니스를 치자고 했다. 나는 집에 가서 옷을 갈아입은 다음, 교내 안뜰을 가로질러 테니스장으로 향했다. 친구들이 조금씩 시야에 들어오는데, 처음에 나는 그 친구들이 무화과 나뭇잎이 달린 피부색의 타이즈를 맞춰 입은 줄 알았다. 조금 이상하다는 생각이 들기는 했지만 워낙에 악동들인지라 뭐 그럴 수도 있겠다 싶었다. 그런데 경기장에 들어서면서 보니, 이 친구들이 아무것도 걸치지 않고 오로지 신발만 신고 있는 것이었다. 테니스를 치던 다른 사람들은 아주 배꼽 빠지는 누드 퍼포먼스라고 생각했을 테고, 순식간에 테니스장 주변으로 사람들이 몰려들었다. 나는 학생들이 나를 골탕 먹이려고 장난을 치다가 내가 코트 안으로 들어서면 옷을 입으러 줄행랑을 칠 줄 알았다. 그런데 아니었다. 햇살이 너무 좋았던 탓일까. 내 상사인 교목실 장님이 이사회 참석차 경기장 옆을 지나가실 때까지 쇼는 계속되었다. 다분히 외설스런 행동이기는 했지만 그날 일을 생각하면 아직도 웃음이 난다. 안타깝게도 이 사건은 학생들이 대학 생활을 어떻게 생각하는지 단적으로 보여 주는 예라고 할 수 있다. 그들에게 대학은 그저 추억거리를 만드는 곳에 불과했다. 대학 생활은 맥주와 서커스로 점철되었다.

성경이 술 취하지 말라고 분명히 경고함에도 불구하고 주말마다 곤드레만드레가 되는 그리스도인 학생들이 많다. 심지어 신학생 중에도 그런 학생들이 있다. 동네 복음주의 교회에서 고등부 교사로 봉사하는 한 학생은 어느 주일 아침에 학생들에게 이런 변명을 늘어놓았다고 한다. "미안하다, 얘들아. 선생님이 지금 제정신이 아니란다. 지난밤에 너무 마셨는지 아직 술이 덜 깨서 말이야." 이 학생은 다음날 바로 잘렸다.

맥주와 서커스가 그저 음주와 파티만 말하는 것은 아니다. 고등 교육이라는 핵심 목적에서 이탈하는 모든 것을 지칭하는 말이다. 사실 미국 대학에서 음주 문화보다 더 심각한 문제는 배움에 대한 열정이 없는 것이다. 학생들은 수업에 빠지고 과제를 무시하며, 형편없는 성적이 나와도 아무렇지 않게 여긴다. 교육은 이미 포기한 상태다. 이런 현상에는 여러 가지 이유가 있을 수 있지만 그중에서도 서커스의 유혹이 크다. 공부 외에도 할 수 있는 일이 많은데다가 재미있고 손쉽게 즐길 수 있기 때문이다.

맥주와 서커스라는 기대감을 품고 대학에 왔다면 어느 대학에 가든지 충족시킬 수 있을 것이다. 미국 어느 대학에서라도 벌거벗고 테니스를 칠 수 있으리라. 비록 얼마 못 가 제지를 당하더라도 말이다. 수업을 땡땡이 치고, 구멍 난 학점 때문에 부모님께 잔소리 듣는 것도 얼마든지 견딜 수 있다. 샬럿 양처럼 순진한 호기심으로 대학에 진학한 학생은 호객 행위와 땅콩 냄새에 홀려 재미난 쇼에 빠질 심산이 크다. 분명 아주 값비싼 서커스일 것이다.

↑ 성적과 상장

그런가 하면 전혀 다른 기대감으로 대학에 진학하는 학생들도 있다. 이 기대감에는 '성적과 상장'이라는 이름을 붙여 보자. 호기심으로 똘똘 뭉쳐 있는 이 부류의 학생들은 대학이 학문적 도전을 자극해 주리라 기대할지도 모른다. 그러나 이들이 날 때부터 학업 성취도가 높았다고 보기는 어렵다. 12년 이상 학교를 다니면서 경쟁으로 단련되다보니 그런 기대감을 품게 되었고, 열심히 공부하는 학생들에게 돌아오는 보상을 바라게 된 경우가 많다. 영화에서 이런 학생들은 (대개 물리학이나 컴퓨터를 전공하는) 세상 물정 모르는 천재나 (일반적으로 의대나 법대에 진학하는) 최우등 학생으로 등장하는데, 이들은 아무리 열심히 노력해도 부모의 기대에 미치지 못해 자멸하기도 한다.

성적과 상장 부류는 맥주와 서커스 부류와는 달리 공부를 진지하게 생각한다. 오로지 성취를 향해 달리는 성실성은 어떤 면에서는 매우 건설적인 학문 윤리를 조성한다. 그러나 성취만으로는 부족하다. 학문적 성공이 우상이 될 수도 있다. (앞에서 언급한 재미나 쾌락과 마찬가지로 성공이나 학점 같이) 삶의 한 측면만 부각시켜 과도하게 충성하면, 그것이 우상이 되고 만다. 학문적 성공이라는 우상은 많은 사람들의 칭찬을 받고 미래의 전망을 밝게 할지는 모르나, 그 때문에 오히려 우상이라는 사실을 분별하기가 더 힘들고 그렇다고 하찮게 여기기도 어렵다. 우상을 분별하고 미워하는 것은 신실한 그리스도인의 삶에서 아주 중요한 부분이다. 배움, 특히 성적을 중요시하는 것은 잘못이 아니지만, 성적과 성공에 집착한 나머지 더 중요한 것을 놓치는 학생들이 많이 있다. 올바른 동기로 배움을 추구하고 가치 있는 목적을 위해 사용하는 것이 중요하다.

언젠가 성적과 상장 부류의 학생과 함께 일한 적이 있다. 문학을 전공하는 엘리자베스(E라고 하자)는 워낙 똑똑했지만, 그녀가 읽는 책들에서 특히 그 총기가 빛났다. 분명 그 학생이 이 세상의 모든 책을 읽지는 않았을 텐데 정말로 그런 듯한 느낌을 받았다. 그것도 책을 그냥 읽는 것이 아니라 내용을 다 꿰뚫고 줄줄 외우는 정도였다. E의 기억력이 사진을 찍어 놓은 듯이 정확하다고는 말하지 못하겠지만, 문학 작품(특히 시)의 꽤 긴 대목을 기억해 내고 암송하는 능력은 정말 입이 다물어지지 않을 정도였다.

이 엘리자베스와 함께 간단한 사고 게임을 한번 해 보자. 우선, E보다 더 뛰어난 슈퍼클론 E2가 있다고 치자. E2는 E와 판박이지만 학문 분야에서만큼은 E2의 능력이 더 완벽하다. 실제로 E2는 주요 세계 문학 작품을 빠짐없이 다 **읽었고**, 토씨 하나까지 완벽하게 기억한다. 더 말도 안 되는 것은, E2가 (어찌된 일인지) 저자의 의도를 정확히 파악하고 있다는 것이다. E2는 천재 저리 가라 할 정도로 비범한 인물이다.

만약에 당신이 두 사람을 다 안다면, E와 E2를 어떻게 생각할 것 같은가? E보다 복제 인간 E2가 당신과 더 좋은 친구가 될 수 있을까? 함께 있으면 더 재미있을까? 더 흥미로운 사람일까? 더 책임감 있는 사람일까? E2는 명석한 두뇌를 활용해 학계에서 유력한 지위를 얻고 퀴즈 프로그램을 독식하다 못해 나중에는 시시하게 여길 정도가 되겠지만, 그렇다고 과연 더 행복할까? 유한한 인간이 한 일보다 E2가 한 일이 하나님을 더 기쁘시게 할까? E2는 사람들의 흥미를 끌겠지만 E보다 더 재미있거나 사랑스러운 사람이라고는 장담하지 못하겠다. E2는 학계의 경쟁자들을 제치고 훨씬 앞서 나가겠지만, 정작 자신의 인생은 망가지고 관계들은 엉망진창이며 성격도 비뚤어지고 아무런 기쁨도 없다는 사실을 발견하게 될지도 모른다. 아무래도 성적과 상장은 우리의 바람과 필요를 채워 주지는 못할 듯하다. 우상은 결코 그럴 수 없다.

➜ 당신의 전부를 걸라

내 그리스도인 친구들 중 몇몇은 엘리자베스에게 지적 갈망은 포기하고 예수 그리스도 안에서 만족을 찾으라고 조언할 것이다. 교과서를 전부 장작불에 태워 버리라고 대놓고 말하지는 않겠지만, 전심으로 예수님을 따른다면 학문에 바칠 시간은 얼마 되지 않을 거라고 에둘러 말할 것이다. 이 친구들은 샬럿 양이나 나의 테니스 파트너들도 그 장작불에 초대할지 모른다. 술병도 실없는 장난도 모두 태워 버리자. 우리를 목표에서 벗어나게 만드는 것은 죄다 불길 속에 던져 버려라. 복음을 위해 모든 것을 기꺼이 버린다는 각오에는 뭔가가 있다. 예수님의 말씀대로, 진주를 발견한 사람은 전 재산을 팔아 그것을 살 수밖에 없다(마 13:45-46). 예수님은 이 세상 그 무엇보다 중요한 분이어야 한다. 그분을 위해 불태워야 할 것이 분명 있겠지만, 그것을 꼭 책이나 맥주라고 생각하지는 않는다.

불태우는 이미지를 하나 더 생각해 보자. 이번에는 로마서 12:1-2이다.

> 그러므로 형제들아, 내가 하나님의 모든 자비하심으로 너희를 권하노니 너희 몸을 하나님이 기뻐하시는 거룩한 산 제물로 드리라. 이는 너희가 드릴 영적 예배니라. 너희는 이 세대를 본받지 말고 오직 마음을 새롭게 함으로 변화를 받아 하나님의 선하시고 기뻐하시고 온전하신 뜻이 무엇인지 분별하도록 하라.

이 중요한 서신의 저자인 바울은 이 본문에서 우리를 하나님 앞에 희생 제물을 바치는 제단으로 인도한다. 동물 희생 제사는 성전에서 흔한 제사이지만, 여기서 바울은 더 좋은 제사를 권한다. 바로 당신 자신을 드리는 제사다. (맥주나 돈 같은) 어떤 상징이나 (마음이나 봄 방학 같은) 일부가 아니라 당신의 전부를 말이다. 이것이 바로 진정한 영성과 예배의 자세요, 불 위에 드려진 삶이다. 우리는 생명을 바쳐 한 분 하나님만을 섬긴다. 이와 같은 삶은 학문적 교만함으로 거드름을 피우지도 않고 서커스에 한눈을 팔지도 않는다. 오로지 창조 세계를 향한 하나님의 뜻을 분별하는 데만 집중한다. 바울의 말에 따르면, 그런 삶을 살기 위해서는 마음을 새롭게 해야 한다.

바로 여기에 이 단락의 핵심이 있다. "본받지 말고, 변화를 받으라." 이 구절이 학문의 길에서 훌륭한 신조가 될 것이다. 이 말씀을 라틴어로 출력해서 날인해도 좋겠다.

"변화를 받으라"는 말을 그리스어로 써서 (두껍고 좋은 천으로 된) 후드 티에 인쇄하는 건 어떨까. 물론 마케팅 기법 중에는 겉만 그럴싸한 것도 많다. 바울은 그리스도인들에게 다르게 생각하라고, 다르게 살라고 권면하고 있다.

기대감은 중요하다. 또한 우리의 기대감은 변해야 한다. 세상 사람들이 대학 생활에 품고 있는 문화적 전제들을 무작정 따라가지 말고, 기도와 신중한 사고와 은혜를 힘입어 고등 교육에 대한 기존 관점을 해체하고(우상을 깨뜨리고) 재개발해야 한다. 그 과정을 통해 견고한 대학 문화의 강한 물살을 거슬러 오를 수 있다. 우리를 둘러싼 세상의 힘을 무시해서는 안 된다. 바울은 우리가 상류로 거슬러 헤엄칠 수 있다고, 일상의 싸움을 싸우는 데 충분한 능력이 우리에게 있다고 생각하는 듯하다. 아주 작은 물고기에 불과한 우리가 과연 이런 흐름에 맞설 수 있을까?

- 자유에 집착하고 쾌락을 추구하는 학생 문화
- 자기 개발에 대한 욕구
- 또래 집단의 압력
- 교회의 반지성주의 풍토
- 대부분의 대학에서 견지하는 세속적 전제들

바울은 우리가 할 수 있다고 말한다. 하지만 이는 그리스도 안에서, 공동체 안에서만 가능하다.

대학은 나의 기대와는 전혀 다른 곳이었다. 토론 수업, 늦은 밤까지 이어지는 철학적인 대화, 중요한 사상의 도입 등 배움이 대학 생활의 중심이 되리라 생각했는데 말이다. 수업 시간에 토론은 풍성했지만 대부분 성적에 관한 것이었다. 밤늦게까지 대화가 이어졌지만 대부분 실속 없는 이야기들이었다. 중요한 사상도 소개받았지만 그 영향력은 나의 기대에 턱없이 부족했다. 냉소적으로 보이려는 의도는 없다. 그저 한두 해 정도 흥미를 잃었을 뿐이다. 마지못해 하는 척은 했지만 공부에 그다지 신경 쓰지 않았다. 결국 중요한 변화가 일어나긴 했지만, 그것은 대학 생활의 후반부에 가서였다. 나는 사물을 다른 시각으로 보기 시작했다. 이렇게 달라진 시각은 또 다른 세상을 열어 주었다.

누구나 눈을 크게 뜨고 나름의 기대감을 품은 채 대학에 진학한다. 지상낙원을 꿈꾸는 학생들이 있는가 하면 학업 성취에 대한 보상을 기대하는 학생들도 있다. 그러나 이런 꿈들은 결국 물거품이 되고, 대단한 탐색을 하지 않더라도 본인이 그 이상을 바라고 있다는 사실을 깨닫게 된다. 물론, 깊이 있는 의미와 영원한 목적에 대한 갈망을 수업 내용에서 발견하기는 힘들 것이다. 진정한 해답은 관계와 인격 속에 자리하며 그 무엇보다도 더욱 실제적이기 때문이다. 진정한 해답이신 예수 그리스도는 마음을 새롭게 하고 변화를 받으라고 지금 우리를 초대하고 계신다.

■ 토론문제

❶ 이 장에서는 학생들이 대학 생활에 품고 있는 몇 가지 기대감을 살펴보았다. 그 내용을 당신의 말로 정리해서 설명해 보라.

❷ 당신은 어떤 기대감으로 대학에 왔는가? 어떻게 그런 기대감을 갖게 되었는가?

❸ 우상이란 무엇인가? 이 장에서는 어떤 우상을 언급했는가? 대학 캠퍼스에서 발견할 수 있는(숭배하는) 우상에는 어떤 것들이 있는가?

❹ 로마서 12:1-2을 읽으라. 이 본문이 당신의 대학 생활에 가장 폭넓게 영향을 미치는 함의는 무엇인가?

추천도서

- 「베리타스 포럼 이야기」(켈리 먼로 컬버그, IVP)
- Donald Drew, *Letters to a Student*(Ross-shire, Scotland : Christian Focus Publications, 2003)

2장
바벨론 U

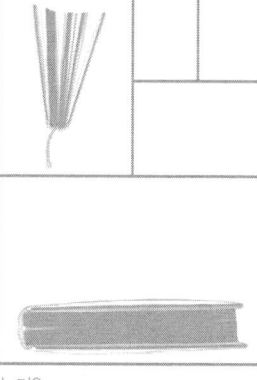

1장 전혀 새로운 세상을 만나다 · 맥주와 서커스 · 성적과 삽질 · 당신의 전부를 걸라 2장 바벨론 U · 다니엘과 세 친구 · 물무들 속의 믿음 · 사금 캐기 · 3장 믿는 것이 보는 것이다 · 소용돌이를 벗어나 세계관 속으로 · 게슈탈트 · 창조-타락-구속-회복 · 다시 눈 뜬 사물 4장 이야기 구조의 삶 · 사이어의 삶 · 상충되는 이야기 · 이야기 듣기와 말하기 · 5장 물고기 눈 학습 · 실체 없는 지성 · 성경적 사고방식 · 창조 · 타락 · 구속 · 회복 6장 4I 학습 · 통합 · 우상 · 투자 · 상상력 · 허비의 성경 · 7장 무모한 생각과 구체화 · 위로, 앞으로 맺는 관계 · 천천히 깊이 파기 8장 미끄럼틀과 사다리 · 두 번 읽기, 세 번 쓰기 · 꿈은 크게, 행동은 작게 · 열심히 일하고, 열심히 놀라

- 하나님은 학문을 중요하게 여기시는가?
- 대학생이 그리스도인이 되면 무엇이 달라지는가?
- 강의실에서 신앙은 어떤 모습으로 드러나는가?
- 기독교적 관점이란 무엇이며, 우리는 그것을 어떻게 개발할 수 있는가?
- 내 인생은 어디로 흘러가는가?
- 나는 대학에서 어떤 종류의 사람이 될 것인가?
- 내가 어울릴 만한 곳은 어디일까?
- 양팔 가득 상자를 든, 선글라스를 낀 저 여학생은 누구지?

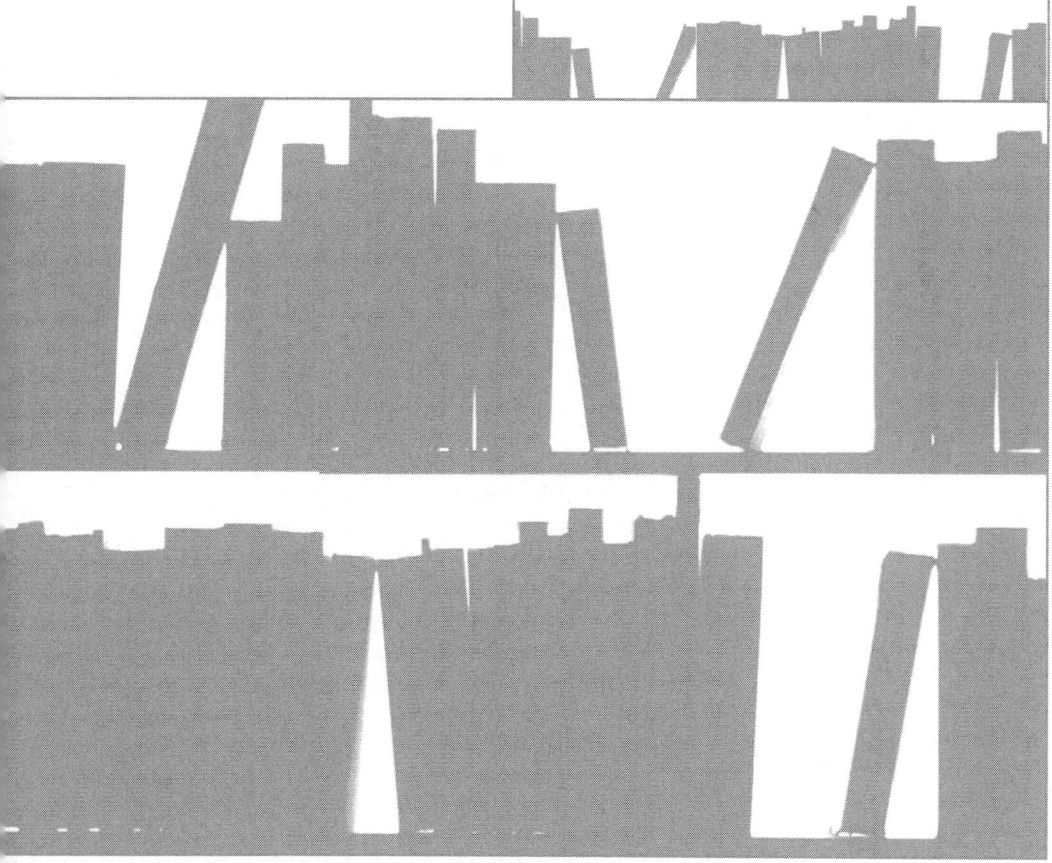

빨강머리 할머니 번즈 선생님은 나를 붙잡고 앞뒤로 마구 흔들어 댔다. '조용한 시간'(quite time)을 연습하고 있어야 할 시간에 나는 아직도 간식을 주거니 받거니 하고 있었다. 선생님은 아무도 몰래 살금살금 내 뒤로 와서, 순식간에 앞으로 나와 무시무시한 발톱 같은 두 손으로 어깨를 잡았다. 그러고는 어찌나 세게 앞뒤로 흔들어 대던지, 머리가 붙어 있는 게 천만다행이었다. 요즘 같으면 꿈도 꾸지 못할 일이지만, 당시만 해도 아이들은 종종 그런 대우를 받았다. 우리는 거기서 일종의 교훈을 얻었다고 생각한다.

「내가 정말 알아야 할 모든 것은 유치원에서 배웠다」(*All I Really Need to Know I Learned in Kindergarten*, 김영사 역간)의 저자 로버트 풀검(Robert Fulghum) 역시 유치원에서 배운 게 많다고는 하지만, 하나같이 긍정적인 교훈들뿐이다. 그중에서 몇 개만 꼽아 보자면 다음과 같다.

1. 모든 것을 나눠 가져라.
2. 정정당당하게 겨뤄라.
3. 남을 때리지 마라.
4. 물건을 사용하고 난 뒤에는 반드시 제자리에 갖다 놓아라.
5. 다른 사람에게 상처를 주었다면 용서를 구하라.
6. 따뜻한 쿠키와 찬 우유는 몸에 좋다.
7. 매일 오후에는 낮잠을 자라.
8. 집 밖을 나설 때는 차를 조심하고, 손을 꼭 잡고 함께 다녀라.[1]

하지만 내가 유치원에서 배웠고, 이후 12년 동안 학교를 다니면서 더 확실히 알게 된 교훈은 그리 긍정적이지만은 않다.

1. 좋은 것은 혼자 독차지하고, 앞만 보고 달려라.
2. 남을 속일 수 있으면 얼마든지 속여라.
3. 남을 세게 때려라. 운동 경기 중이라면 더더욱.
4. 물건을 사용하고 난 뒤에는 주머니 속에 챙겨 넣어라.
5. 다른 사람에게 상처를 주었다면 비난의 화살을 남에게 돌려라.
6. 쿠키와 우유가 몸에 좋을지는 몰라도 맥주가 최고다.
7. 매일 오후, 특히 수업 시간에는 낮잠을 자라.
8. 집 밖을 나설 때는 변태를 조심하고, 일등을 경계하라.

아무래도 풀검이 다닌 학교가 우리 학교보다 좋았나 보다. 일부러 트집을 잡으려는 고약한 심보는 아니다. 나는 학교가 좋고, 학창 시절도 아주 즐겁게 보냈다. 그저 학교에서 실제로 벌어지는 일들을 좀더 빠삭하게 꿰고 있었다고나 할까. 폭력과 학대가 만연하고, 학업 성취도보다는 힘자랑하는 무용담이 더 칭송받으며, 책임 있는 행동을 가르치는 교육보다 신분 상승을 위한 교육이 환영받는 것은 뭔가 잘못돼도 크게 잘못되었다는 생각이 들었다.

대학 교육도 별반 다르지 않다. 솔직히 말하자면, 에덴 동편의 삶은 하나님의 의도와는 정반대의 길을 걷고 있다. 죄는 각 사람의 마음을 왜곡하여 강퍅하게 만들었다. 대학 같은 제도마저 죄로 망가졌다. 대학은 관료주의가 만연하고, 커리큘럼은 단편적이며 일관성이 없다. 나도 대학 시절 수강한 과목의 절반쯤은 왜 이 과목을 들어야 하는지 이유를 전혀 알지 못했고, 수강 과목간에 어떤 연관성이 있는지 알려 주는 사람도 없었다. 아니, 수강 과목과 내 인생이 도대체 무슨 상관이 있는지 알 수가 없었다. 돈과 권력 따위의 우상이 교수와 학생들의 순수한 관심을 부패시킨다. 학문 이데올로기가 학제간, 학과간에 단층선을 만든다. 첫 학기를 시작하고 얼마 되지 않아 학생들은 이곳이 '정글'이란 사실을 깨닫게 된다. 대부분의 학생들은 함정을 겨우겨우 피해는 가겠지만, 수많은 사상과 가치관이 복잡하게 얽힌 쐐기풀에 걸려들지 않을 수는 없을 것이다.

대학만큼이나 혼란스럽고 복잡한 세상에서, 바울은 골로새 교인들에게 현명한 조언을 던져 주었다. "헛된 말과 거짓 철학에 속아 잘못된 길로 가지 않도록 주의하십시오. 그것들은 모두 사람의 생각에서 비롯되었으며 아무 가치도 없습니다. 결코 그리스도로부터 나온 것이 아니므로 멀리하시기 바랍니다"(골 2:8, 쉬운성경). 우리는 거짓 철학과 생각의 위험을 똑바로 보고, 신중하고 담대하게 대학 생활을 헤쳐 나가야 한다.[2]

♥ 다니엘과 세 친구

이제 우리는 먼 옛날 아주 먼 곳에 살았던 어느 학생의 이야기를 통해 미국 고등 교육계라는 정글에서 살아남는 법을 배워 보려고 한다. 성경에 나오는 예언자 다니엘은 주전 7세기 후반에 태어났다. 이스라엘 북 왕국은 이미 앗수르의 포로가 된 지 오래였고, 다니엘 시대에 그의 고향인 유다마저 바벨론에 빼앗겼다. 바벨론은 당대에 가장 큰 강대국이었다. 수도 적고 국력도 약했던 유다 백성은 밀려오는 군사들을 어찌해 볼 도리가 없었다. 예루살렘은 포위당했고, 얼마 못 가 완전히 폐허가 되었다. 유다 백성은 바벨론에서 포로로 살면서 하나님에 대한 믿음을 잃지 않고 꺼져 가는 희망의 불씨를 살렸다.

바벨론 제국은 오늘날 아라비아 반도에 해당하는 곳까지 급속히 영토를 확장했다. 전쟁과 영토 확장을 통해 바벨론 사람들은, 전쟁에서 승리했다고 해서 정복자들을 반드시 전멸해야 하는 건 아니라는 중요한 교훈을 배웠다. 바벨론 군대는 점점 줄어들었고, 넓은 지역을 통치하려면 그 수가 턱없이 부족할 것이었다. 제국을 확장하려면 정복한 곳의 일부는 살려두어야 했다. 그러면 그 사람들이 농업과 상업을 재개하여 제국에 조공을 바칠 수 있을 것이다.

이와 같은 전략은 특히 바벨론에 잘 들어맞았다. 그들은 정복 국가의 독특한 문화 정체성을 없애고 그 나라 국민들을 새로운 정권의 문화에 동화시켰다. 수백 년 후, 유대인들은 이런 동화 전략을 거부해서 강력한 로마 제국에 눈엣가시가 되었다. 요즘 영화에도 자주 등장하는 이 교훈은 바로, 진짜 영웅은 절대로 항복하지 않는다는 것이다. 이들은 남의 나라를 침입한 독재 정권에 맞서 자국의 문화를 수호한다.

다니엘 1장 앞부분은 유대인 동화 작업이 이미 시작되었음을 보여 준다. 예루살렘 성전 기물을 가져다가 바벨론 신의 신전을 꾸몄다(2절). 똑똑한 유대인 청년들을 바벨론으로 강제 이송했다(3-4절). 이 젊은이들에게 바벨론의 언어와 학문을 가르쳐서 유다 백성의 자의식을 말살시킬 작정이었다. 왕의 음식과 최고급 포도주를 먹였다. 또 이 과정을 잘 수료하면 바벨론 제국의 요직을 보장해 주겠다고도 했다.

왜 전쟁 포로들을 이렇게 후하게 대접하는가? 느부갓네살 왕은 일석이조의 효과를 노리고 있었다. 최고의 인재들로 왕국의 운영을 공고히 하는 한편, 핵심 지도자들을 바벨론 문화에 복속시켜 유다 문화를 정복하려는 심산이었다. 아주 비열한 수법이었다. 이 신참들은 새로운 용어와 새로운 이야기를 배우고, 더 나은 미래를 보장받았다. 새로운 사고방식과 생활방식을 습득하고 개발했다.

그런데 이런 동화 전략은 먼 옛날 바벨론에서만 있었던 일이 아니다. 요즘 대학생들에게도 비슷한 변화가 나타나고 있다. 학생들은 새로운 학습과 이야기를 만나고, 고수익을 보장하는 직장을 기대하며, 평생 유지하게 될 사고방식과 생활방식을 사회화한다. 사람은 누구나 주변 문화의 영향을 받아 특정한 삶의 방식을 '익힌다.' 대학에서 무엇을 배우고 어떻게 살아가느냐 하는 것은 아주 중요한 문제다. 복음으로 마음이 새로워지고 그리스도의 능력을 힘입어 삶이 변화되지 않으면, 당신은 그저 주변 문화를 따라갈 수밖에 없다(앞서 살펴본 로마서 12:1-2에서, 문화의 영향력에 휘둘리지 말고 오히려 문화를 변혁시키는 사람이 되라고 한 내용을 기억할 것이다).

다니엘과 세 친구 하나냐, 미사엘, 아사랴는 이런 동화 전략을 꿰뚫어 보았다. 그들은 왕의 진미와 포도주로 몸을 더럽히지 않고, 자국의 식문화를 고수하기로 결심했다. 그래서 '훈련'을 감독하는 환관장을 설득하여 열흘 동안 채소와 물만 섭취했다. 열흘 후 이들은 다른 포로들보다 더 건강하고 혈색이 좋았고, 환관장은 계속해서 그들의 식사법을 허락해 주었다. 성경에 이 음식 이야기가 기록된 것은, 이것이 신실한 젊은 유대인들의 대응 전략에서 가장 기초적인 첫 단계를 보여 주기 때문일 것이다. 이들은 작은 일에 충성하고, 하나님의 공급을 신뢰했다.

이 네 청년은 유달리 머리가 비상했다. 성경은 "하나님이 이 네 소년에게 학문을 주시고 모든 서적을 깨닫게 하시고 지혜를 주셨으니"(17절)라고 기록한다. 아마도 이런 능력은 하나님이 밤에 그들의 귀에 통찰력을 부어 주신 것처럼 신비롭게 찾아왔을 것이다. 이들은 선량한 마음을 지녔을 뿐 아니라 양질의 교육을 받았다. 네 사람 모두 훌륭한 학생이었다. 그런데 그중에서도 다니엘은 특별한 은사, 즉 모든 환상과 꿈을 깨달아 아는 능력을 받았다. 학생들의 능력을 시험하는 시간이 되자, 왕은 몸소 이 유대 학생들에게 질문을 했다. 네 사람의 지혜와 총명이 온 나라 박수와 술객보다 **열 배**나 나왔다! 필자도 한창 때는 몇몇 시험에서 두각을 나타냈지만, 그렇다고 나더러 남보다 열 배는 똑똑하다고 말할 사람은 없을 것이다. 열 배라는 말이 과장이건 사실이건 간에, 이 학생들은 정말 똑똑했다. 그런데 머리만 좋았던 게 아니다. 어떤 상황에서 무슨 일이 닥치더라도 하나님께 신실했던 것이야말로 이들이 가진 최고의 자질이었다. 그들은 믿는 바를 신실하게 지켰다.

다니엘 2장은 3장과 6장에 나오는 인상적인 이야기의 발단이다. 2장에서 다니엘의 해몽 능력은 여러모로 도움이 된다. 느부갓네살 왕의 박수와 술객들 중 어느 누구도 왕의 꿈을 해석하지 못했다. 느부갓네살 왕은 꿈 내용을 전혀 알려 주지 않아서 박수와 술객들을 더 난처하게 만들었다. 꿈이 뭔지 모르니 주문을 외울 수도 상징을 해석할 수도 없었다. 꿈을 해석하지 못하면 용하기로 소문난 이 사람들에게 어마어마한 재앙이 따를 것이다(5절). 다니엘은 오랜 기도 후에 왕 앞에 나아가 왕이 꾼 꿈의 내용과 해석을 알려 주었다. 다니엘의 놀라운 계시에 느부갓네살 왕은 이렇게 고백했다. "너희 하나님은 참으로 모든 신들의 신이시요 모든 왕의 주재시로다. 네가 능히 이 은밀한 것을 나타내었으니 네 하나님은 또 은밀한 것을 나타내시는 이시로다"(47절). 느부갓네살 왕은 연기력이 아주 뛰어나거나, 종교 절충주의자여서 이런 자기 고백대로 살아갈 수 없다는 사실을 망각했거나, 둘 중 하나임이 틀림없다. 말로는 온갖 찬양을 다 갖다 붙였지만 그는 자기 고백에 충실하게 살지 못했다. 그러나 다니엘은 왕에게 충성한 대가로 후한 보상을 받았다. 귀한 선물을 많이 받고, 바벨론 온 지방을 다스리는 고위 관직에 올라 바벨론 모든 지혜자와 위정자보다 높임을 받았다(48-49절).

다니엘의 첫 번째 임무는 세 친구를 고용하여 자신과 함께 바벨론을 다스리게 한 것이었다. 한밤중에 기습 공격을 하거나 쿠데타를 도모하지 않았고, 느부갓네살 왕과 그의 정책을 비난하지도 않았다. 그 대신 이들이 한 일은 무엇인가? 그들은 조국을 멸망시키고 성전을 더럽힌 나라를 위해 일했다. 이 네 명의 유대 청년은 부당한 요구 앞에서 담대하게 평화 저항 운동을 벌였다(이 부분은 뒤에서 더 자세히 살펴볼 것이다). 하지만 그러기 전까지는 자신의 지혜를 발휘하여 하나님이 허락하신 문화적인 상황 가운데서 열심히 일했다.

↑ 풀무불 속의 믿음

금이 너무 많아서 주체할 수 없는 상태라면, 더 많은 금을 확보하기 위해 전쟁을 일으키거나 그 금으로 어마어마하게 큰 무언가를 지으려 할 것이다. 느부갓네살 왕은 아무래도 끊임없는 전쟁이 지긋지긋했나 보다. 두 번째 대안을 택한 것을 보니 말이다. 느부갓네살 왕은 두라 평지에 자기 모습을 딴 금 신상을 세웠다. 높이는 27미터, 폭은 3미터 정도 되었다.⁹⁾ 거대한 우상만 만들어 놓고 아무도 와서 절하지 않는다면 무슨 소용이겠는가. 그래서 왕은 모든 백성이 그 금 신상 앞에 엎드려 절해야 한다는 칙령을 내렸다(단 3:5). 하나냐, 미사엘, 아사랴(바벨론 사람들은 이들에게 사드락, 메삭, 아벳느고라는 새 이름을 지어 주었는데, 이는 자국 문화와 신앙을 버리고 바벨론의 신을 섬기게 하려는 또 다른 책략이었다)는 뜨거운 풀무불이 기다리고 있는데도 왕의 명령에 불복했다.

이 소식을 들은 느부갓네살 왕은 불같이 화를 냈다. "능히 너희를 내 손에서 건져 낼 신이 누구이겠느냐?" 세 친구는 기회를 놓치지 않고 하나님을 전했다. "왕이여, 우리가 섬기는 하나님이 계시다면 우리를 맹렬히 타는 풀무불 가운데에서 능히 건져 내시겠고 왕의 손에서도 건져 내시리이다"(17절). 두 발은 후들거리고 있었을지 몰라도, 그들이 하는 말에는 조금도 흔들림이 없었다. 그 다음 절을 보면, 과장이 아닐까 싶을 정도로 그런 자신감이 잘 드러나 있다. "그렇게 하지 아니하실지라도, 왕이여, 우리가 왕의 신들을 섬기지도 아니하고 왕이 세우신 금 신상에게 절하지도 아니할 줄을 아옵소서"(18절). 하나냐, 미사엘, 아사랴는 바벨론의 신앙과 법에 절대로 흡수되지 않을 작정이었다. 목에 칼이 들어오는 한이 있어도 변절은 없었다.

6장에서도 다니엘은 비슷한 상황에 처한다. 본문에 따르면, 다리오 왕은 다니엘이 만사에 필적할 자가 없을 정도로 뛰어났기 때문에 그를 세워 전국을 다스리게 하려고 마음먹는다. 그런 다니엘을 시기한 다른 고관들은 왕 앞에서 다니엘을 고발할 근거를 찾지만, 아무 허물도 찾지 못한다. 하지만 악한 마음을 품은 이들은 어떻게든 다니엘을 무너뜨릴 계획을 찾고야 만다. 그들은 왕에게 접근하여 백성들이 한 달 동안 왕께

기도를 드리기 원한다고 왕을 설득하면서 한 가지 조항을 달았다. 이 금령을 어기는 사람은 누구든지 사자 굴에 던져 넣기로 한 것이다. 경솔한 왕은 신하들의 말을 곧이곧대로 들었고, 다니엘 앞에는 덫이 놓이게 되었다.

다니엘은 그의 세 친구와 마찬가지로, 신실한 포로가 마땅히 가져야 할 우선순위와 행동, 성품을 여실히 보여 주었다. 다니엘 6:10을 함께 살펴보자.

다니엘이 이 조서에 왕의 도장이 찍힌 것을 알고도 자기 집에 돌아가서는 윗방에 올라가 예루살렘으로 향한 창문을 열고 전에 하던 대로 하루 세 번씩 무릎을 꿇고 기도하며 그의 하나님께 감사하였더라.

다니엘의 행동은 용기뿐 아니라 신실한 믿음과 깊은 헌신을 드러낸다. 어떤 상황에서도 그는 자기 신앙을 지킬 것이다.

하나냐, 미사엘, 아사랴는 풀무불에 던져졌고, 다니엘은 사자 굴에 던져졌다. 신실한 신앙은 그때나 지금이나 위험하다. 내가 아는 학생 중에는 기독교적 관점으로 연구 주제에 접근했다는 이유로 담당 교수 눈 밖에 나서 해당 과목에 낙제한 학생이 둘이나 있다. 또 다른 학생은 앞으로의 사회생활을 위해 학교를 한 학기 더 다니면서 성경 과목과 철학 과목을 추가로 수강하려고 열심히 학비를 벌기도 했다. 또 학교에서 신앙을 지키기 위해 잘나가는 운동선수의 길을 포기하는 학생도 많다. 그런가 하면 흥청망청 놀고 마시는 세계에 빠지지 않으려다 보니 파티에서 소외되는 학생들도 있다. 이런 일들은 히브리서 11장에 나오는 희생과는 분명 성격이 다르다. 거기 나오는 성인들은 고문을 받고, 옥에 갇혔으며, 돌에 맞고, 톱질을 당하기도 했다. 그러나 이 학생들의 희생도 신실한 믿음에서 비롯되었다. 어떤 의미에서 오늘날 우리가 부름받은 희생은 이런 종류의 희생인지도 모르겠다.

다니엘과 세 친구는 그런 상황에서만 신실했던 것이 아니라 평생 신실함을 지켰다. 이들은 작은 일에 충성하였기에 더 큰 희생도 감당할 수 있었다. 또 그 때문에 이들은 유배지의 삶에 대비할 수 있었다. 그들은 다른 문화권에서 일하면서도 바벨론의 우상이나 가치관의 노예로 전락하지 않았다. 뿐만 아니라 언젠가는 영원한 왕국에서 진짜 왕을 섬기게 되리라 소망하면서 살았다. 그때까지 뜨거운 풀무불 속에서는 "신들의 아들"(3:25)이, 사자굴 속에서는 모든 야수를 꼼짝 못하게 하시는 분이 그들과 함께했다(6:22).

➜ 사금 캐기

미국인의 삶은 바벨론의 삶과 매우 동떨어져 있다. 현재의 문화적 포로 생활을 즐기는 것도 나쁘지는 않겠지만, 오늘날과 같이 왜곡된 세상에서 살아가는 것은 위험천만할 뿐 아니라 여러 가지 면에서 악하다는 사실을 늘 염두에 두어야 한다. 정도의 차이는 있지만, 우리 모두는 **바벨론에 동화되었다.** 이 시대의 지배적인 문화에 적응하고 그 신들을 섬기도록 훈련받았다. 그리스도인들 역시 문화의 노예 신세에서 결코 자유롭지 못하다. 우리가 처한 상황 속에서 일하면서도, 그 문화의 우상에 맞서는 법을 터득해야 한다. 다니엘과 세 친구의 삶도 바로 그와 같았다. 물론, 쉽지 않은 일이었다.

우리가 이 지배적인 문화에 적응하는 데는 교육이 중요한 역할을 한다. 학교와 대학은 우리에게 특정 사고방식과 생활방식을 주입하고, 특정한 기대감과 포부, 태도를 강화한다. 그중에는 건전한 특징과 목표도 있지만, 하나님이 원하시는 삶과 정반대인 것도 있다. 우리는 우리가 받는 교육을 잘 선별하여 불순물을 걸러내고 순금만 남겨야 할 것이다. 사금 캐는 방법을 익히면서 지혜가 자라나면, 거짓과 진리를 더 잘 분별하게 된다. 분별력과 지혜를 키우는 것, 이것이 바로 우리가 받는 교육의 진정한 목표가 되어야 한다. "명철한 자는 늘 지혜를 바라본다"(잠 17:24, 쉬운성경). 지혜로운 사람은 가려낼 줄 안다. 그러나 사금을 캐기 위해서는 물 속 깊이 발을 담가야 한다.

포로 생활에서 배울 점은 많다. 다니엘과 세 친구는 그들이 처한 특수한 상황 속에서 훌륭한 학생들이었다. 우리도 '바벨론' 친구들과 교수님, 즉 그리스도에 대한 신앙에 배움의 뿌리를 두지 않은 사람들에게서 배울 게 많다. 나는 비그리스도인, 심지어 반기독교적인 교수와 저자들에게서 얼마나 많은 것을 배웠는지 모른다. 사실, 기독 지성인들은 오래전부터 풍부한 세속 학문에서 **빌려온** 것이 많다. 자연계와 인간계, 각 학문 분야에 대한 중요한 통찰은 대개 기독교적 관점을 가지지 않은 사람들에게 힘입은 바가 크다.

그러나 세속 학문의 통찰을 빌려오는 데서 그쳐서는 안 된다. 빌린 사상을 꼼꼼하게 비평하고 기독교적 관점으로 통합해야 하는 과제가 남아 있다. 이것은 기독교 학문의 근본적인 도전이요, 그리스도인 학생들에게 주어진 중요한 책임이다. 세속 학습법을 기독교적 관점으로 활용하는 과정은 4장에서 자세히 살펴볼 것이다. 여기서는 우선 겸손이라는 덕목만 강조하고 싶다. "겸손한 자에게는 지혜가 있기에"(잠 11:2) 그리스도인 학생은 겸손의 특징을 드러내야 한다. 인류 가운데 가장 겸손한 사람으로 모세를 꼽은 사람들이 있었다. 그런데 그 모세는 애굽의 최고급 교육을 받았고, 그것을 바탕으로 이스라엘 백성을 지도할 수 있었다(민 12:3; 행 7:22). 다니엘과 마찬가지로 모세 역시 그리스도인 학생들에게 좋은 멘토가 될 것이다.

교육 기관에는 온갖 거짓 철학과 인간 전통, 세속 원칙이 넘쳐난다(골로새서 2:8을 기억하는가?). 그러나 동시에 성품을 개발하고 신앙을 성숙시킬 기회도 넘쳐난다. 하나님이 당신에게 고등 교육을 받을 기회를 주셨다면, 날마다 감사하라. 마음을 새롭게 하고 지혜를 키우라. 어떤 종류의 교육 기관에 다니든지 그곳에서 하나님이 역사하실 것을 믿어 의심치 말라.

이렇게 혼란스러운 때에는 삶의 모든 영역에서 온전히 그리스도께 매달려야 한다. 그분 안에서만 신실하게 살아갈 수 있으며 신실하게 사랑하고 사고할 수 있다. 그분은 우리 마음을 새롭게 하기 원하신다. 하지만 당신도 나와 같다면, 그 도전을 일깨우기 위해 이따금씩 당신을 붙잡고 흔들어 줄 누군가가 필요할지도 모른다.

■ 토론문제

❶ 이 장 앞부분에서는 "책임 있는 행동을 가르치는 교육보다 신분 상승을 위한 교육이 환영받는 환경"을 이야기했다. 이 두 교육의 차이점은 무엇인가?

❷ 골로새서 2:8과 고린도후서 10:5을 읽으라. 이 두 구절은 어떤 면에서 비슷하고 어떤 면에서 다른가? 새로운 것을 학습할 때 이 두 구절을 염두에 두어야 하는 까닭은 무엇인가?

❸ 다니엘 1-6장을 다시 읽어 보라. 다니엘의 이야기는 어떤 면에서 오늘날 그리스도인 대학생들에게 좋은 본보기가 되는가?

❹ "정도의 차이는 있지만, 우리 모두는 바벨론에 동화되었다"는 말의 구체적인 예를 들어 보라.

❺ 학문에서 신실함을 추구하려면 희생이 불가피하다. 당신에게는 어떤 희생이 필요하다고 생각하는가?

❻ 어떤 종류의 교육 기관에 다니든지(기독교 대학이나 '일반' 대학을 막론하고) 그곳에서 하나님이 역사하실 것이다. 학문적 신실함을 추구하는 데 따르는 어려움은 기독교 대학이나 일반 대학이나 마찬가지라고 생각하는가, 아니면 차이점이 있다고 생각하는가?

추천도서

- 「지성으로의 초대」(진 에드워드 비스, 생명의말씀사)
- Tremper Longman III, *NIV Application Commentary: Daniel* (Grand Rapids: Zondervan, 1999)
- Norman Klassen and Jens Zimmermann, *The Passionate Intellect: Incarnational Humanism and the Future of University Education* (Grand Rapids: Baker Academic, 2006)

3장
믿는 것이
보는 것이다

1장 전혀 새로운 세상을 만나다 · 맥주와 서커스 · 성적과 심장 · 당신의 전부를 걸라 2장 바벨론 U · 다니엘과 세 친구 · 물무불 속의 믿음 · 사금 캐기 3장 믿는 것이 보는 것이다 · 소용돌이를 벗어나 세계관 속으로 · 게슈탈트 · 창조—타락—구속—회복 · 다시 눈 뜬 사울 4장 이야기 구조의 삶 사이어의 삶 상충되는 이야기 · 이야기 듣기와 말하기 5장 물고기 눈 학습 · 실체 없는 지성 · 성경적 사고방식 · 창조 · 타락 · 구속 · 회복 6장 4I 학습 · 통합 · 우상 · 투자 · 상상력 · 허비의 성경 7장 무모한 생각의 구체화 · 위로, 옆으로 맺는 관계 · 천천히 깊이 파기 8장 미끄럼틀과 사다리 · 두 번 읽기, 세 번 쓰기 · 꿈은 크게, 행동은 작게 · 열심히 일하고, 열심히 놀라

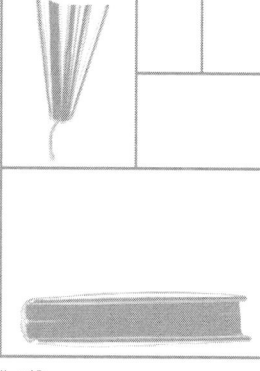

- 하나님은 학문을 중요하게 여기시는가?
- 대학생이 그리스도인이 되면 무엇이 달라지는가?
- 강의실에서 신앙은 어떤 모습으로 드러나는가?
- 기독교적 관점이란 무엇이며,
  우리는 그것을 어떻게 개발할 수 있는가?
- 내 인생은 어디로 흘러가는가?
- 나는 대학에서 어떤 종류의 사람이 될 것인가?
- 내가 어울릴 만한 곳은 어디일까?
- 양팔 가득 상자를 든, 선글라스를 낀 저 여학생은 누구지?

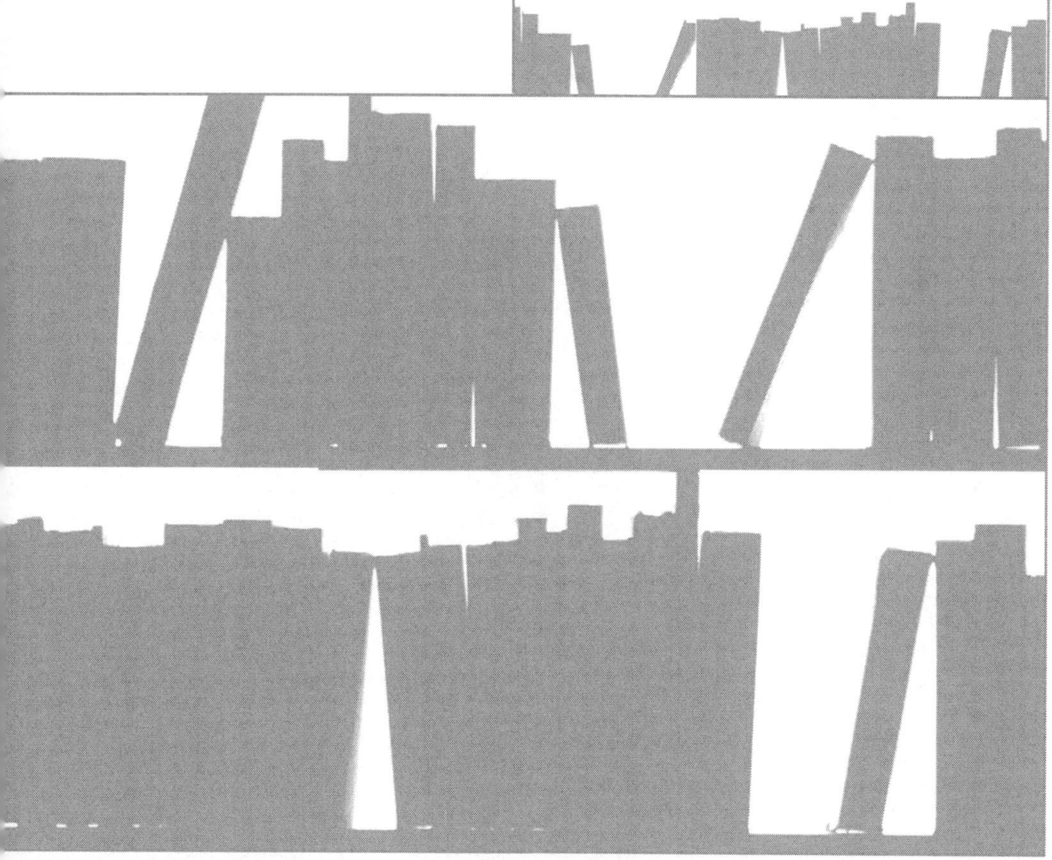

아내와 함께 부모님을 모시고 휴가를 다녀왔다. 자동차로 미시간 북부 숲 지대를 여행했는데, 공원과 수려한 경관이 숨이 막힐 정도로 아름다웠다. 미국 최대의 모래 언덕 슬리핑 베어(Sleeping Bear), 페인티드 락(Painted Rock) 국립 호수의 아름다운 절벽, 에덴의 비경을 간직한 테큐아메논 폭포(Tahquamenon Falls)는 죽기 전에 꼭 한번 봐야 할 절경이다. 돌아오는 길에 나는 그 아름다움을 말로 표현해 보려 했다. 그 풍경이 얼마나 아름다웠는지 설명하면 믿기야 하겠지만, 직접 보지 않고서는 절대 제대로 믿는다고 할 수 없을 것이다.

가까운 곳이 아니었기 때문에 오며 가며 차 안에서 오순도순 이야기할 시간이 많았다. 부모님은 내 신앙에 호기심이 많으셨고 자연히 신앙 이야기가 화제로 떠올랐다. 부모님은 내가 무엇을 믿는지 궁금해하셨고, 늘 깍듯하게 기독교 신앙의 특정 부분에 대해 질문하시곤 했다. 장시간의 운전 중 등장한 중요한 질문 한 가지는 이것이었다. "우주에 다른 생명체가 있다고 생각하니?" 솔직하고 간단하게 "글쎄요, 잘 모르겠는데요"라고 답해야 마땅했지만, 나로 말할 것 같으면 잘 알지도 못하면서 떠드는 데 전문가가 아닌가. 교수라는 직업병이 도졌다.

그래서 나는 빌리 그레이엄(우주 생물학자가 아니라 그리스도인이다)이 우주에 지적 생명체가 있다고 믿었다는 이야기를 꺼냈다. 이 질문을 해결하려고 SETI 프로젝트(Search for Extra-Terrestrial Intelligence, 우주로부터 오는 전파 신호를 조사하여 지구 바깥에 있는 지적 생명체의 존재 징후를 찾는 프로젝트—편집자 주)가 꾸려졌다는 이야기도 덧붙였다. 정확한 답을 알지 못하니 시간이나 벌어 보려는 수작이었다. 나 같은 경우, 다른 특정한 신념들을 무시하는 것은 훨씬 더 쉽다. 선정적인 잡지와 비디오에서 큰 발자

국이나 미스터리 서클 운운할 때에도, 사소한 일에 목숨 거는 이들의 그럴 듯한 고백이 반대로 나에게는 더 의혹을 품게 만들었던 것이다. 하지만 외계 생명체의 존재에 대해서는 아는 바가 전혀 없다. 외계 생명체를 **믿어야** 할 근거도(이 부분에서 B급 영화들은 전혀 도움이 되지 않는다), **의심해야** 할 근거도 없다. 성경 인물들은 이런 문제를 언급조차 하지 않는다.

만일 당신이 외계인을 봤다고 한다면, 나는 당신의 이야기에 귀를 기울일 것이다. 처음에는 성경에 나오는 도마처럼 잔뜩 의심부터 하겠지만 말이다. 하지만 당신이 그 외계인을 보여 주지 못한다면(아마도 찬장에 외계인을 가둬 두지는 못했을 테니), 당신이 하는 이야기를 곰곰이 따져 볼 수밖에 없을 것이다. 이야기가 그럴 듯하다고 해서, 과연 내가 그 이야기를 곧이곧대로 믿을까?

그런데 나는 두 분의 의도를 완전히 잘못 파악했다. 우리 부모님은 외계인에는 별 관심이 없으셨다. 맥키노 시티(Mackinaw City)와 뮤니싱(Munising) 중간쯤에서 정곡을 찌르는 후속 질문이 등장했다. "아담과 하와 이야기와 원시인의 화석 기록은 어떻게 연결될 수 있니?" 솔직히 말해서 이전 질문보다는 이 질문에 더 자신이 있었다. 그래서 나는 다시 한 번 교수들이 잘 쓰는 수법을 들먹였다. 양극단의 답변을 제시한 것이다. **한편으로는** 진화 이론은 증거가 부족해서 주장하는 내용을 제대로 설명하지 못한다고 말하고, **다른 한편으로는** 보수적인 그리스도인들이 성경을 과하게 해석한 나머지 문자 그대로 해석해서는 안 되는 말들을 액면 그대로 받아들였다는 식으로 말이다. 독자들도 이런 식의 양다리 논쟁을 들어 본 적이 있을 것이다.

나도 헷갈리면서, 딱 들어맞을 필요가 없는 이야기를 굳이 사실이라고 주장하고 있는 셈이었다.

- 나는 아담과 하와가 실제로 존재했다고 믿는다.
- 나는 다양한 종들의 적응을 포함한 수많은 진화의 흔적을 믿는 동시에, 고대의 창조를 믿는다.
- 나는 원시 인류를 믿는다.

이러한 신념들을 통합하거나 다른 사람을 설득할 만한 체계적인 이론이 없다 해도, 나는 위의 내용을 진심으로 믿는다. 안타깝게도, 지적 설계에 대한 최신 연구는 하와와 원시인의 관계를 밝히는 까다로운 질문을 해결하는 데 별 도움이 되지는 않는 것 같다.

눈으로 보면 믿게 될 수도 있다. 하지만 우리가 보지 못하는 문제들이 너무 많다. 그러니 눈에 보이지 않는 문제라 해도 그것을 믿을지 말지 결정해야 한다. 이런 문제라면, 일단 믿고 나면 보이는 경우가 있다. 나는 세균과 정의와 중력이 있다고 믿는다. 눈에 보이지는 않지만 그런 게 있다는 이야기를 들었고, 다른 사람들도 그 존재를 믿으며, 내 경험에 비추어 봐도 일리가 있기 때문이다.[1] 우리가 믿는 것 중에는 이런 것들이 많다. 다른 신념들의 기초가 되고 우리 삶의 윤곽을 잡아 주는 깊은 신념들에 주목하면, 보는 것보다 믿는 것이 궁극적으로 앞선다는 사실을 발견하게 될 것이다. 신념이 우선이요, 그것이 우리가 사물을 보는 방식을 결정한다. 이처럼 각자의 신념이 학습에 지대한 영향을 미치기 때문에, 훌륭한 학생이라면 본인이 믿는 바를 잘 생각해 보아야 한다.

이 내용을 좀더 학문적으로 이야기해 보자면, 깊은 신념은 세상과 인생에 대한 우리의 전제를 가리키는데 이는 전과학적(pre-scientific)이고 검증 불가능하다. 다시 말해서 우리는 경험적인 증거가 없더라도 그 내용을 믿으며, 그에 대한 최종 증명은 불가능하다. 인간은 무엇이며 우리는 어떻게 살아야 하는가? 실재의 본질은 무엇이며 그것은 어디에서 와서 어디로 가는가? 외계인이나 원시인이 중요한 게 아니라 이런 질문들이 핵심이다. 철학자들은 수천 년 동안 이런 중요한 질문들에 답하기 위해 애썼고, 과학과 경험이 일부 통찰을 제시하기도 했다. 그러나 결국 우리는 그런 질문들에 대한 무언의 답을 '살아내야' 한다. 이런 질문들에 대한 답변, 그리고 우리가 삶으로 드러내는 인생과 실재에 대한 전제가 세계관의 기초를 이루고 지성의 발판을 마련한다.

♥ 소용돌이를 벗어나 세계관 속으로

세계관이라는 용어는 거의 모든 학문 분야에 등장하는데, 신앙과 철학, 문화와 교육에 관련된 토론에 널리 사용되고 있다. 독일어에서 유래한 이 단어(*Weltanschauung*)는 지난 40년 동안 금세 익숙한 단어로 자리 잡았다. 세계관이라는 개념의 역사와 발달 과정은 다른 책에 자세히 나와 있으니, 여기서는 '세계관'의 실제적인 정의와 기독교 세계관의 개요만 대략적으로 살펴보고자 한다.[2] 전문가들이 내린 '세계관'의 세 가지 정의는 다음과 같다.

- 어떤 이야기나 일련의 전제들이 바탕이 되어 나타나는 헌신, 마음의 근본적인 방향성[3]
- 삶의 가이드 역할을 하는, 한 사람이 가진 포괄적인 신념의 틀[4]

• 인생을 바라보는 시각[5]

세계관은 사물을 바라보는 안경과도 같다. 세계관은 어떤 관점이나 지각의 틀인데, 그것을 기준으로 우리는 이 세상에서 사고하고 말하고 행동한다. 세계관은 사물을 바라보는 시각을 열어 주고 특정 사물에 집중하게 해준다. 세계관은 이 세상에 실재하는 것과 정말로 중요한 것의 윤곽을 그려 주고, 그 실재 가운데 어떻게 살아갈지를 설명해 준다. 다시 말해서, 세계관은 우리가 경험할 실재를 **묘사하고**, 그 실재 가운데 어떻게 살아야 할지를 **지시한다**. 또 세계관은 특정 가능성을 **배제하기도 한다**. 자기가 믿는 세계관으로 인해 특정 사물에 대한 이해가 제한되기 때문이다.

세계관은 배운다기보다는 자연스럽게 터득하는 것이다. 그래서 대개의 경우 평범한 사회화 과정을 통해 세계관을 받아들이게 된다. 청바지를 사러 갈 때처럼 다양한 세계관을 평가해서 그중 가장 이상적인 세계관을 고르는 것이 아니라는 말이다. 사람들은 대부분 자신의 세계관을 인식하지 못한 채 타고난 세계관을 삶으로 드러낸다. 이처럼 세계관은 사람들의 이목을 크게 집중시키지 않고 무의식중에 생활로 나타나기 때문에, 세계관을 학문이나 철학처럼 취급하는 것은 잘못이다. 세계관은 철학처럼 체계가 잘 잡혀 있지도 않고 말로 설명하기도 어렵다. 오히려 문화 구조와 역동성을 구성하는 공유된 사고와 행동 양식이라고 할 수 있겠다. 언론 같은 사회 집단은 우리 문화의 지배적인 세계관이 무엇인지 드러낸다. 이런 집단이 전달하는 메시지는 아주 어릴 적부터 매일매일 우리의 삶을 형성한다. 그렇기 때문에 본인의 세계관에 의

문을 품는 경우는 흔치 않다. 같은 이유로, 불확실한 근본 전제들을 곱씹는다거나 새로운 시각에 맞추어 삶이 변화되는 경우는 불가능에 가깝다.

따라서 나는 당신에게 인생의 깊은 신념들을 되짚어 보라는, 쉽지 않은 도전을 하려고 한다. 늘 끼고 다니던 안경을 벗어 자세히 들여다보는 것은 힘든 일이다. 하지만 잘못된 처방을 발견하고 새 안경을 맞춰 더 잘 볼 수 있다면 더할 나위 없이 좋은 일이다. 새 안경을 들고 안과를 나서던 날, 나는 이전에는 놓치고 살았던 세세한 부분까지 볼 수 있어서 얼마나 기뻤는지 모른다. 나무가 열 배는 더 아름다워 보였고, 교실 앞쪽에서 나는 소리는 우리 선생님이 칠판에 글씨를 쓰는 소리라는 걸 똑똑히 알 수 있었다. 대학생 시절, 나는 세계관을 배우는 것, 즉 나와 다른 사람들의 세계관을 이해하는 것이 모든 학업의 열쇠라는 사실을 깨달았다.

▲ 게슈탈트

19세기에 분자와 원자가 발견되어 20세기 초반 실험적인 회화 기법에 영향을 미쳤다. 조르주 쇠라(Georges Seurat)는 캔버스에 수많은 점을 찍어 표현하는 점묘법의 창시자라 할 만하다. 쇠라의 작품을 가까이서 보면, 붓으로 찍은 무수한 점들을 볼 수 있다. 점만 들여다본 사람들은 이게 도대체 무슨 그림인지 파악하기 힘들 것이다. 그러나 멀리서 보면 전체 이미지가 한눈에 들어온다. "그랑드 자트 섬의 일요일 오후"(Sunday Afternoon on the Island of the Grande Jatte)를 한번 떠올려 보라. 사람들은 화소 단위가 아니라 전체를 본다.

대학교 1학년 심리학 개론 수업에서 '게슈탈트'(*gestalt*)라는 단어를 처음 접했을 때가 아직도 기억난다. 나중에 다른 사람들(지금 이 책을 읽는 독자들)에게 잘난 척할 때 쓰면 좋을 단어라는 생각이 들었다. 20세기 초반 대중화된 이 단어에는 '통합된 전체에 대한 이해'라는 뜻이 있다.

오늘 아침 일어나 보니 지하실 바닥에는 깨진 유리조각이 널려 있었고, 바로 옆에는 전구 베이스가 나뒹굴고 있었다. 장난꾸러기 고양이가 선반에 있던 전구를 떨어뜨린 게 틀림없었다. 만일 전구를 한 번도 본 적이 없다면, 깨진 조각을 보고 전구를 떠올리기가 쉽지는 않았을 것이다. 전체 그림을 알면 부분을 이해하는 데 도움이 된다.

주의를 집중해서 보면, 깨진 유리조각도 전에는 멀쩡한 전구였다는 사실을 알 수 있다. 전구 베이스에 붙은 유리조각은 깨지기 전에 유리와 알루미늄이 하나였다는 사실을 알려 준다. 깨진 조각이 전체를 말해 준다. 학문 연구도 대개는 전체에 속한 조각과 파편을 공부하는 것이다. 과학, 예술, 인문학 등의 조각을 연구하면 온전한 통찰과 일관성, 깊이 있는 의미의 일부를 암시적으로 알 수 있다. 부분은 전체, 즉 게슈탈트를 가리켜 준다. "그랑드 자트 섬의 일요일 오후"를 감상할 때와 마찬가지로, 뒤로 한 발 물러서서 전체 그림을 보면 각 부분의 의미도 이해할 수 있다.

실재에 대한 인간의 이해는 산산조각이 나 있는 상태다. 때로는 교육을 많이 받을수록 더 파편화된 실재를 만나기도 한다. 전체 그림을 볼 수 있다면 그래서 실재의 큰 이야기를 이해할 수 있다면 도움이 될 텐데, 성경이 그 역할을 해주고 있다니 희소식이 아닌가. 전체를 보는 법, 혹은 표현을 약간 꼬아서 **전체를 꿰뚫어 보는** 법을 배우는 것은 성경적 신학과 세계관을 개발하는 첫걸음이다. 특정 주제와 본문으로 들어가기 전에, 우리는 성경에서 한 걸음 물러나 먼저 지형을 살펴보아야 한다. 성경적 게슈탈트를 이해해야 한다.

➜ 창조 – 타락 – 구속 – 회복

기독교 세계관 또는 성경적 게슈탈트는 삼위일체 하나님과 성경에 나타난 하나님의 계시를 믿는 것에서 출발한다. 그리스도인들은 하나님의 계시에서 기독교 세계관의 기초를 찾아야 한다. 여러 저자가 2천 년에 걸쳐 다양한 장르로 기록한 성경 이야기는 매우 일관적이다. 필자의 경우 그 줄거리를 그려 보는 것이 큰 도움이 되었는데, 이는 일직선적인 단순한 사건의 나열이 아닌 희극적인 구조의 형태로 나타났다. 성경이 웃긴 이야기라는 소리가 아니다. 물론 성경에는 재밌는 이야기도 있고 풍자도 등장하지만, 그보다는 전통 희곡에서 말하는 희극의 의미가 강하다. 전통 희곡은 이야기를 시작한 후 비극적인 운명이 드러나 추락했다가 결국에는 문제를 극복하고 행복한 결말에 이른다. 성경 이야기의 대략적인 개요는 **창조, 타락, 구속, 회복**이다.

성경의 이야기

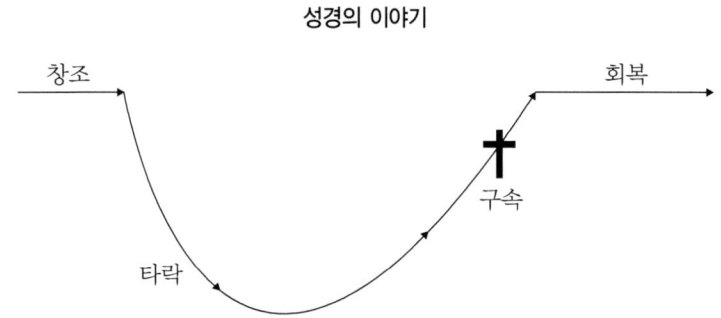

성경에는 하나님의 창조, 죄로 인한 창조 세계의 파괴, 망가진 곳을 구속하기 위해 인류 역사에 끊임없이 개입하시는 하나님, 그리스도 안에서 회복된 전체 창조 세계의 이야기가 담겨 있다. 성경은 죄로 왜곡된 인간과 세상을 선한 창조물로 묘사한다. 구속은 죄의 파괴적인 저주로 타락한 세상을 향한 하나님의 사랑의 반응이다. 하나님의 구속 사역의 중심에는 예수님이 계신데, 그분은 교회와 온 창조 세계의 구속자로 오셨다. 예수님은 또한 하나님 나라의 선봉으로, 속죄 제물로, 그 나라의 진정한 왕으로 오셨다. 예수님을 따르는 이들은 하나님의 구속적인 사랑과 행동을 본받아야 한다. 성경을 간략하게 압축한 내용이 위와 같다. 물론 성경 전체에는 훨씬 더 많은 이야기가 담겨 있다. 이것이 우리의 세계관이 되려면, 이 이야기를 통해 현재 삶을 통찰하고 반응하는 법을 배워야 한다.

성경적 세계관은 모든 실재를 성경 이야기의 관점에서 바라보는 기본 방식이다. 성경적 세계관에는 창조 세계의 구조적인 선을 인식하는 것도 포함된다. 즉, 창조 세계 자체는 아무런 문제가 없고 오히려 하나님을 경외하기 위해 만들어졌다는 사실이다. 인류는 이 창조 세계에서 하나님을 경외하고 순종하며, 하나님의 선한 의도를 드러내는 가운데 창조 세계를 개발하라고 지음받았다. 그러나 죄 때문에 우리 삶에는 혼란과 고통과 이기심이 만연하고, 창조 세계에도 불순종의 표시가 드러나게 되었다. 이 세상은 하나님의 의도와는 전혀 다른 곳이 되었고, 모든 인간은 그 왜곡을 경험하게 되었다. 뿐만 아니라 인간의 모든 제도 역시 예수님과 그 제자들의 구속과 회복 사역이 절실히 필요하게 되었다.

성경은 순종이라는 기본 원칙을 제시하지만, 문화 행위의 다양한 영역에서 우리가 감당해야 할 책임이 무엇인지는 자세히 가르쳐 주지 않는다. 우리는 정치, 스포츠, 교육, 경제, 결혼, 도시 계획, 경영 이론 등의 분야에서 성경과 성령이 알려 주신 내용을 적용하고, 하나님이 원하시는 모습을 신실하게 살아내기 위해 협력해야 한다. 우리는 인간의 미약한 노력으로는 악을 제거하고 창조 세계를 구속할 수 없다는 것을 잘 안다. 하나님이 만물을 심판하시고 새롭게 하실 때에야 비로소 창조 세계의 영광이 온전히 드러날 것이다. 그러나 그때까지는 우리도 그리스도 안에서 이미 시작된 그 일에 동참한다.

창조 세계는 원래 하나님의 복을 받는 순수한 상태였지만, 인간 언약의 대표자 아담과 하와로 인해 죄에 굴복하고 말았다. 타락 이후 에덴 동편에서 아담과 하와는 문화를 창조했다. 죄에 물든 이 문화는 가인과 그의 친척에게서 확연히 나타난다(창 4장). 우리가 물려받은 역사와 문화는 폭력과 혼돈, 고통으로 점철되어 있다. 그러나 그리스도인들이 물려받은 또 다른 세계가 있다. 그리스도 안에서 어둠 가운데 빛이 비췄다. 생명의 나라가 죽음의 영토를 침략했다. 예수 그리스도는 새 왕국의 첫 사람이다. 그리스도인들은 두 문화, 두 나라에 동시에 살고 있다. 그러나 이들은 하나님의 회복이 완성될 그날을 기다린다.[6]

기독교 세계관은 이 세상의 본질과 인간의 본성, 우리가 기대하는 미래에 근본적인 방향을 제시한다. 또 역사에서 우리가 차지하는 위치를 이해할 수 있도록 도와준다. 우리는 "이미 왔지만 아직 도래하지 않은" 하나님 나라에 살고 있다.[7] 예수님이 오셔서 하나님 나라가 시작되었다. 이 나라는 예수님의 가르침 가운데 핵심을 차지한다. 어둠이 우리를 지배하고 있다 해도 우리는 이미 구원받아 빛의 나라로 들어갔다는 사실을 확신한다(골 1:13-14). 그리스도인들은 두 세상에 양다리를 걸치고 있다. 그러나 창조 세계가 늘 각축장이 되지는 않으리라 확신한다. 언젠가는 악한 자들이 심판을 받고, 창조 세계가 새로워지며, 하나님 나라가 전부가 될 것이다.

이런 기독교 세계관은 고등 교육에 대단한 함의를 지닌다. 마태복음 13:24-28에 나오는 가라지 비유를 잠시 생각해 보자.

> 예수께서 그들 앞에 또 비유를 들어 이르시되 "천국은 좋은 씨를 제 밭에 뿌린 사람과 같으니 사람들이 잘 때에 그 원수가 와서 곡식 가운데 가라지를 덧뿌리고 갔더니 싹이 나고 결실할 때에 가라지도 보이거늘 집주인의 종들이 와서 말하되 '주여, 밭에 좋은 씨를 뿌리지 아니하였나이까? 그런데 가라지가 어디서 생겼나이까?' 주인이 이르되 '원수가 이렇게 하였구나.' 종들이 말하되 '그러면 우리가 가서 이것을 뽑기를 원하시나이까?'"

하나님의 세상에는 곡식이 많은데, 아뿔싸, 원수가 와서 가라지를 덧뿌렸다. 오늘날의 대학과 똑같은 상황이다. 우리 주변에는 하나님이 주신 좋은 것들이 많지만, 너무 많이 자라거나 비틀어진 것 투성이다. 가라지에서 곡식을 가려내기가 만만치 않다. 좋은 곡식은 건강을 지켜 주지만, 가라지로 배를 채우면 복통을 일으키기 십상이다.

이 시대의 지배적 세계관인 근대성은 기독교에 크게 영향을 받은 것이 사실이지만, 성경의 증언에 반하는 신념들에도 많은 영향을 끼쳤다(근대성은 곡식이기도 하고 가라지이기도 하다). 우리는 우리의 세계관을 틈

타고 들어온 악한 전제(물질주의)와 이기적인 문화 관습(소비주의), 맹목적 이데올로기(민족주의)를 파악하기 위해 협력해야 한다. 우리 모두는 **에덴 동편**, 즉 죄로 왜곡된 세상에서 살면서 갈등을 경험한다. 그와 동시에, **그리스도 안에** 있는 사람들은 (앞으로 언젠가) 임할, 그리스도가 치유하고 온전하게 회복시키실 세상을 맛보기 시작한다. 많은 사람들이 우리 삶과 문화가 하나님의 바람이나 성경의 메시지와 일치하지 않는다는 것을 깨닫는다. 변화의 필요성은 절감하지만 어떻게 변해야 하는지 알지 못할 때가 많다. 교회도 우리가 그리스도인의 신앙을 어떻게 세계관─우리가 사는 세상에 대한 사고방식, 생활방식, 도전방식─으로 발전시켜야 할지 별다른 도움을 주지 못할 때가 많았다. 그러니 학생들이 대학에서 신실한 삶과 사고를 발전시키지 못하는 것도 당연하다.

우리 앞에 놓인 과제는 어마어마하다. 마음을 새롭게 하고 삶을 변화시키는 데는 4년 이상의 시간이 필요할 것이다. 하지만 그리스도인이라면 누구나 이 문제로 씨름해야 하고, 대학은 그 고민에 중요한 장을 마련해 준다. 학습과 지식에 대한 우리 문화의 관점은 개선의 여지가 많은데, 기독교 신앙이 우리를 옳은 길로 인도해 줄 수 있다.

← 다시 눈 뜬 사울

사도 바울이 아직 사울이던 시절, 그는 세상을 바라보는 독특한 방식을 가지고 있었다. 여러 해 동안 익힌 학문 덕분에 그런 시각은 한층 강화되었다. 사울은 본인의 신념을 끊임없이 재검토했으며, 남몰래 믿는 것에 만족하지 않았다. 오히려 그는 자기 신념에 얼마나 열정적이었는지 모른다. 사도행전 9장에서 사울은 그리스도인 회심자들을 색출하여 체포하(거나 죽이)려고 다메섹으로 가는 길이었다. 그 길에서 사울은 삶이 송두리째 뒤바뀌는 체험을 하게 되었다.

눈이 부셔 앞이 보이지 않는데 하늘로부터 틀림없는 신의 음성이 들려왔다. "사울아, 사울아, 네가 어찌하여 나를 박해하느냐? 나는 네가 박해하는 예수라." 사울은 눈이 멀었고, 같이 가던 동료들은 우왕좌왕했다. 소동이 가라앉은 후, 다른 사람의 손에 끌려 다메섹으로 들어간 사울은 사흘 동안 어둠 속에서 기다렸다.

주님은 이미 일을 시작하셨다. 주님의 명을 받은 아나니아는 사울을 구하려는 그분의 계획이 탐탁지 않았지만 사울을 찾아갔다. 아나니아가 사울에게 안수하자 사울의 눈에서 비늘 같은 것이 벗겨졌다. 시력을 회복한 사울은 극적인 만남을 통해 새로운 관점을 터득하게 되었다. 예수님이 그를 부르셨고, 사울이 그 사실을 믿자 그의 눈이 열렸다. 믿는 것은 보는 것이 아니라, 오히려 다른 누군가가 나를 보고 그것을 통해 만물을 새롭게 보게 되는 것을 뜻한다.

사울은 길에서 들은 목소리에 소스라치게 놀랐지만 그 즉시 변화를 받은 것은 아니었다. 눈이 멀었다가 다시 보게 된 기적은 시작에 불과했다. 일련의 사건들을 겪으면서 사울의 내면에 새로운 것이 싹트기 시작했지만, 그가 신약성경에 등장하는 바울의 모습으로 변하기까지는 여러 해가 걸렸다. 그는 다메섹에 있는 제자들에게서 가르침을 받고 아라비아 어느 지역에서 3년 동안 공부한 다음, 다메섹으로 돌아와 회당에서 가르치고 지역 유대인들과 토론을 벌이기 시작했다. 분노한 유대인들을 가까스로 피한 바울은 예루살렘으로 가서 사도들과 만나게 된다.[8]

우리 중에도 사도 바울처럼 눈 뜬 경험을 한 사람들이 있다. 하나님이 행동하시고 그에 따른 우리의 연쇄 반응 가운데 모든 것이 변화되기 시작했다. 기독교적 세계관과 생활방식을 개발하기 위해서는 우리도 훈련을 받고, 공부에 매진하며, 새로운 신앙을 행동으로 옮겨야 할 것이다. 바울처럼 우리도 훈련과 공부와 행동을 통해 위험과 모험, 고통과 기쁨을 맛볼 것이다.

▣ 토론문제

❶ 이 책에서는 "신념이 우리가 사물을 보는 방식을 결정한다"고 말한다. '보지' 않고도 믿는 것의 예를 들어 보라.

❷ '세계관'을 당신의 말로 설명해 보라. 언론을 비롯한 사회 집단이 우리 문화의 지배적인 세계관을 드러내는 방식에 대해 이야기해 보라.

❸ '성경적 게슈탈트'를 이해한다는 말은 무슨 뜻인가? 당신의 학업이 전체에 대한 부분을 공부하는 것으로 느껴지는가?

❹ 골로새서 1:13-14을 읽으라. 이 본문은 기독교 세계관의 개요에 대해 무엇을 말해 주는가? 여기서 핵심 주제는 하나님 나라다. 이것이 성경의 핵심 주제이기도 한가?

❺ 사울은 예수님과의 극적인 만남을 통해 새로운 관점에서 만사를 보는 법을 터득해야 했다. 신앙이 성장하면서 당신이 새로 배워야 했던 것은 무엇인가?

추천도서

- 「그리스도인의 비전」(리처드 미들톤・브라이언 월쉬, IVP)

- 「창조 타락 구속」(알버트 월터스・마이클 고힌, IVP)

- 「코끼리 이름 짓기」(제임스 사이어, IVP)

4장
이야기 구조의 삶

1장 전혀 새로운 세상을 만나다 · 맥주와 서커스 · 성적과 상장 · 당신의 전부를 걸라 2장 바벨론 U · 다니엘과 세 친구 · 풀무불 속의 믿음 · 사금 캐기 3장 믿는 것이 보는 것이다 · 소용돌이를 벗어나 세계관 속으로 · 게슈탈트 · 창조-타락-구속-회복 다시 눈 뜬 사울 4장 이야기 구조의 삶 · 사이어의 삶 · 상충되는 이야기 · 이야기 듣기와 말하기 5장 들고기 눈 학습 · 실체 없는 지성 · 성경적 사고방식 · 창조 · 타락 · 구속 · 회복 6장 4I 학습 · 통합 · 우상 · 투자 · 상상력 · 허버의 성경 7장 무모한 생각의 구체화 위로, 앞으로 맺는 관계 · 천천히 깊이 파기 8장 미끄림틀과 사다리 · 두 번 읽기, 세 번 쓰기 꿈은 크게, 행동은 작게 열심히 일하고, 열심히 놀라

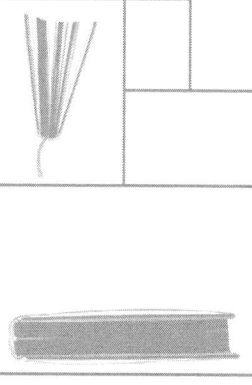

- 하나님은 학문을 중요하게 여기시는가?
- 대학생이 그리스도인이 되면 무엇이 달라지는가?
- 강의실에서 신앙은 어떤 모습으로 드러나는가?
- 기독교적 관점이란 무엇이며, 우리는 그것을 어떻게 개발할 수 있는가?
- 내 인생은 어디로 흘러가는가?
- 나는 대학에서 어떤 종류의 사람이 될 것인가?
- 내가 어울릴 만한 곳은 어디일까?
- 양팔 가득 상자를 든, 선글라스를 낀 저 여학생은 누구지?

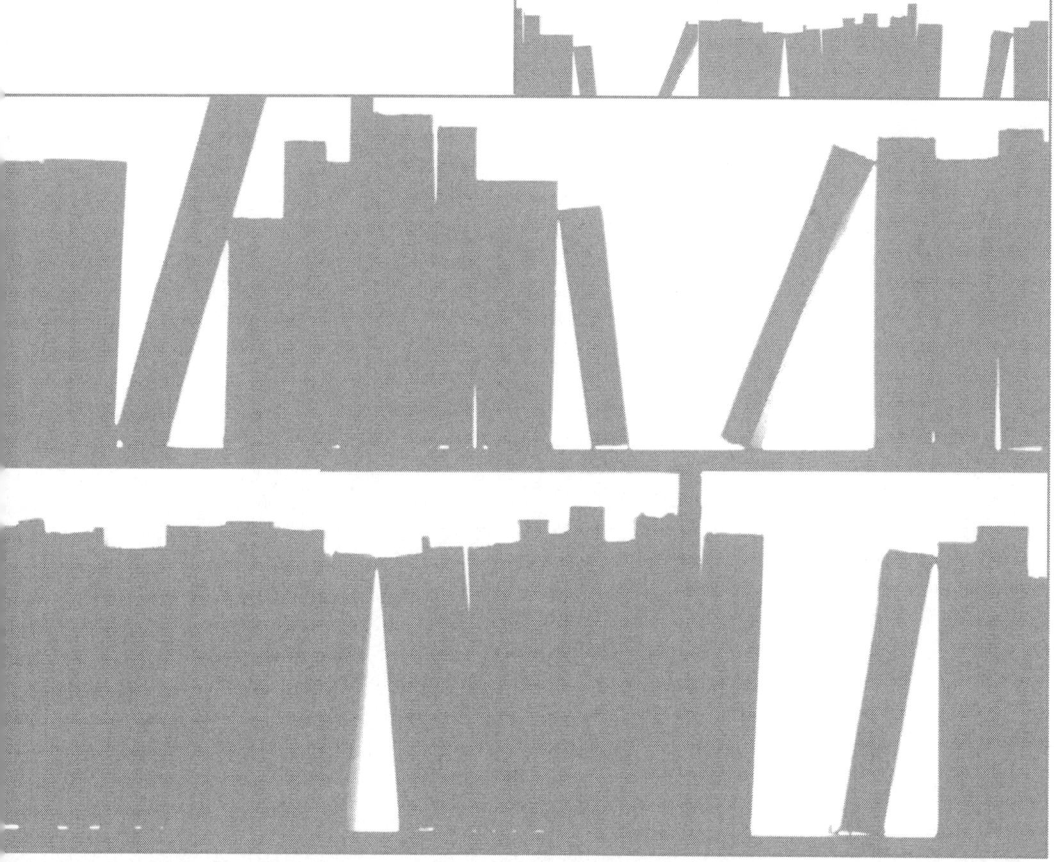

무시무시한 폭풍우가 몰아치기 시작했다. 길거리에서 위플볼(whiffle ball: 야구를 간략하게 만든 게임—역주)을 하던 우리는 경기를 중단하고 집으로 들어왔다. 우리를 돌봐주는 베이비시터와 함께 집 안에 영락없이 갇힌 신세가 되었다. 지난번 마릴린이 왔을 때 누나와 내가 꼼짝 못하게 손을 써 둔 터라, 이번에는 아무 문제가 없을 것이다. 우리는 넘치는 자유를 십분 발휘하여 위플볼 게임을 실내용으로 즉석 개조했다. 밖에서 사용하던 베이스는 책으로 대신했다. 우리가 보는 이야기책과 집 안의 잡지들을 죄다 꺼내 방마다 펼쳐 놓고 미로처럼 복잡한 베이스를 만들었다. 우리는 베이스가 아니라 징검다리라도 되는 양, 책에서 책으로 껑충껑충 뛰어다녔다. 얼마 안 있어 어린 동생들도 게임에 동참했다. 쾅하고 울리는 천둥소리도 게임에 한껏 스릴을 더했다. 천둥이 한 번씩 칠 때마다 우리는 고함을 지르며 바닥에 몸을 던졌다. 이 규칙은 예상치 못한 결과를 가져왔는데, 그날 밤 이후로 우리 집 막내와 강아지는 한동안 천둥 공포증으로 고생을 했다.

대부분의 사람들은 이야기에서 이야기로 옮겨 다니며 살기보다는, 한두 가지 이야기에 깊이 관여하며 살아간다. 이야기를 피할 수 있는 사람은 없다. 사람은 누구나 '옛날 옛적' 어느 특정한 '배경'에서 여러 '등장인물'에 둘러싸여 태어난다. 각 사람의 인생 줄거리에는 발단과 위기, 반전이 숨어 있다. 선한 주인공과 악역이 출연한다. 우리는 때로 악당이 되었다가 희생자가 되기도 하고, 어느 순간 영웅이 되기도 한다. 모든 사람의 이야기에는 (적어도 한 페이지는) 로맨스가 등장하고, 미스터리나 액션 장면도 끼어 있기 마련이다. 내 이야기에는 사랑스런 멜리사(로맨스)가 나오고, 설명하기 힘든 불길(이 미스터리는 지금도 가끔 출몰한다)이 등장하며, 아이오와 주 작은 마을에서 폭력배에게 쫓기는 장면도 들어 있다. 모든 사람에게는 이런 이야기가 있다. 흥미진진한 부분은 역사라는 내러티브에 포함되지만, 사소하고 평범한 일상은 잊히기 마련이다. "10월 11일, 아침에 일어나 식사를 하고 등교했다.…"

모든 이야기는 나름대로 독특하지만, (특히 공통의 문화적 배경을 가진) 이야기끼리의 유사점 역시 놀랄 만큼 비슷하다. 내 이야기에 나타나는 안정과 안전에 대한 관심은 내 친구들의 이야기에도 동일하게 나타난다. 성공에 대한 시각과 사회적 신분에 대한 욕구는 동료들의 이야기에도 비슷하게 등장한다. 나와 내 친구들의 바람만 비슷한 것이 아니라, 내 이야기나 그들의 이야기나 비슷하게 들릴 정도다. 내 전기는 나의 기대와 달리 그리 독특하지 않다. 오히려 내 이야기는 다른 수많은 사람들의 이야기와 연결되어 있다. 이것은 세계관을 이야기하는 또 다른 방식이다. 세계관은 공유된 이야기인데, 특정 문화 속에 깊이 자리 잡은 내러티브에서 비롯된다. 앞 장에서 우리는 세계관의 개념을 살펴보았다. 그런 식의 개념과 설명은 과거에 큰 도움이 되었고 앞으로도 도움이 될 것이다. 그러나 성경은 개념이 아니라 이야기, 즉 거대한 역사 서사시다. 그 이야기에서 우리의 위치를 찾는다면 대학에서 우리의 위치를 찾는 데도 도움이 될 것이다.

때로는 우리를 깜짝 놀라게 하는 천둥소리가 필요하다. 그러면 자신만의 제한된 이야기에서 벗어나 새로운 이야기로 옮겨 갈 수 있을 것이다. 아브람과 사래 같은 성경 인물의 인생이 어떻게 달라졌는지 생각해 보라. 부부는 우르에 사는 평범한 사람들이었다. 그런데 하루아침에 갑자기 짐을 싸서 길을 떠나게 된다. 당신이 모세라고 생각해 보라. 미디안 광야에서 양을 치던 모세는 불에 타는 떨기나무(이게 어디 가능한 일인가?)를 보게 된다! 인생이 달라질 수밖에 없지 않겠는가? 베드로는 평생 그물질로 먹고 살 거라고 생각했을 것이다. 이 같은 결정적인 만남 이전에도 이들의 삶에는 이야기가 있었지만 우르의 어느 계곡, 미디안 광야, 어업 등 기존의 이야기에는 한계가 있었다. 그런데 극적인 만남을 통해 부르심을 받으면서 이야기의 틀이 확장되었다. 달리 표현하자면, 이 배우들은 새로운 이야기에 캐스팅이 되었다. 그들은 하나님의 사랑이라는 대서사시의 주역이 되었다.

하나님은 좋은 이야기를 즐기신다. 아름답고 순수한 창조 세계를 만드시고 역사 가운데 인간으로 하여금 돌보게 하신 이유가 달리 있겠는가? 성경은 창조와 타락, 구속, 회복에 관한 하나님의 큰 이야기다. 예수를 믿고 나서 처음 10년 동안은 성경을 이야기가 아니라 백과사전 보듯이 읽었다. 질문이 많았기에 성구 사전이나 관주 등을 활용해 답을 찾아내기 바빴다. 그것도 좋은 방법이기는 하나, 훌륭한 학생은 성경을 이야기(논픽션)로 읽고(나도 아직 이 방법을 훈련 중이다) 그 대서사시의 모험에 뛰어든다. 현명한 친구와 멘토의 도움과 독서를 통해, 나도 성경 문맥에 따라 본문을 해석하고, 성경의 궁극적인 이야기에 비추어 설교하며, 학문을 그 이야기에 부속된 이야기로 보는 방법을 배우게 되었다.

♥ 샤이어의 삶

최근에 약물중독 재활 훈련과 상담을 하는 지역 단체에서 성경공부를 인도한 적이 있었다. 왜 성경을 읽고 예배에 참석해야 하는지 설명하는 도중에 '즉석에서' 예화가 필요했다. 나는 사람들에게 톨킨(J. R. R.

Tolkien)의 「반지의 제왕」(*The Lord of the Rings*, 씨앗을뿌리는사람 역간)을 읽으면서 인간과 기독교에 대해 이해를 넓힌 경험을 말해 주었다. 그중에는 십대 시절 톨킨의 작품을 접하고 교도소에 수감 중일 때에도 반복해서 읽은 사람들이 몇몇 있었고, 영화 "반지의 제왕: 반지 원정대"는 한 사람도 빠짐없이 다 보았다고 했다. 사람들은 내 예화를 잘 들었고, 성경에 대한 개념을 바꾸는 데 도움을 받았다.

약물중독 재활 모임에서 톨킨을 어떻게 써먹었는지 설명하기 전에 개인적인 배경을 좀 이야기해야겠다. 나는 어렸을 때 「반지의 제왕」을 읽지 않았다(어린아이에게 1,000쪽이 넘는 소설은 좀 과하지 않은가?). 그런 책이 있다는 건 알았지만 별로 끌리지 않았다. 2001년 첫 번째 영화가 나왔을 때 나는 기대가 컸다. 그리스도인 친구들이 영화를 보고 와서 끊임없이 떠들어댔기 때문이다. 그런데 정작 극장에 다녀와서는 실망을 감출 수 없었다. 나는 영화에 몰입하지 못한 채 지나친 분석에 여념이 없었다. 반지는 무엇을 상징하는가? 호빗 족은 오늘날 누구인가? 그러는 사이 순식간에 영화는 끝이 났고, 도대체 무슨 영화를 본 건지 알 수가 없었다! 실망스럽고 혼란스러웠지만 사람들이 이 책에 홀딱 빠진 이유를 기필코 알아낼 작정이었다. 나는 삼부작을 구입해서 읽기 시작했다. 이번에는 이것저것 따지지 않고 그냥 있는 그대로 읽기로 했다. 아주 명석한 영국인 작가가 50년 전에 쓴 판타지 소설로 말이다. 그렇게 해서 나는 중간계(톨킨 삼부작의 배경)의 놀라운 드라마에 쏙 빠져 들어갔다.

이제 다시 성경공부 이야기로 돌아가 보자. 나는 성경 읽기와 예배의 중요성을 강조하고 있던 참이었다. 칠판에 커다란 원을 하나 그렸다. "이것은 중간계입니다." 그런 다음, 그 안에 작은 원을 하나 더 그렸다. "이것은 호빗 족의 고향, 샤이어입니다." 그러고 나서 "호빗은 어떤 사람들인가요?" 하고 질문을 던졌다. "호빗의 특징과 성격을 말씀해 보세요." 호빗은 내성적이다, 겸손하다, 모험을 즐기지 않는다, 남에게 베풀기를 좋아한다 등의 답변이 나왔다. "호빗은 이런 성격을 어떻게 배웠고, 또 강화합니까?" 첫 번째 질문보다는 난이도가 있었지만, 시간이 좀 걸렸을 뿐 사람들은 내가 원하는 답을 찾아냈다. **호빗은 대대로 전해 내려오는 이야기와 노래를 통해 호빗의 정체성을 강화한다.** 예를 들어, 호빗은 평생 샤이어 마을을 떠나는 일이 거의 없는데, 샤이어가 얼마나 좋은 곳인지 말해 주는 이야기와 샤이어를 떠난 호빗에게 닥친 무시무시한 이야기가 있기 때문이다. 이로 인해 호빗은 세월이 흐르면서 샤이어 마을을 떠나는 것을 주저하게 되었다.

이제 내가 하고자 하는 이야기를 할 차례가 되었다. 방 안에 있는 사람들의 머릿속에 '불빛'이 반짝이는 것이 보였다. 나는 샤이어 주변에 원을 몇 개 더 그린 다음, 이 각각의 공동체에도 공동체의 일원들을 발전시키고 형성해 온 이야기와 노래가 있다고 설명해 주었다. 주변 원 중 하나를 골라 '미국'이라고 써 넣었다. "미국인이 중요시하는 가치관에는 무엇이 있을까요?" 이번에는 술술 답이 나왔다. 자유, 개인주의, 자급자족, 아메리칸 드림 등. 부가 설명이 필요 없었다. 사람들은 이런 가치관을 반영하는 노래와 이야기들을 들려주었다. 우리는 나머지 원에도 다른 문화의 이름을 적어 넣고 그들의 이야기와 노래를 떠올리면서 유익한 시간을 보냈다.

결국 내가 하고 싶은 말은 이것이다. 수많은 라이벌 이야기와 노래가 넘쳐나는 세상 속에서 살아가는 그리스도인들이기에, 적어도 일주일에 한 번은 함께 모여 우리를 하나님 백성이라는 독특한 민족으로 만들어 주는 이야기와 노래를 기억해야 한다. 우리가 이 이야기를 기억하지 못한다면 다른 이야기에 맞춰 살아갈 공산이 크다.

↑ 상충되는 이야기

성경 이야기(창조-타락-구속-회복)는 이 세상의 다른 이야기들과 상충된다. 그중에서 두 가지, 즉 근대성(모더니즘)과 탈근대성(포스트모더니즘)이라는 큰 이야기를 대학에서 만나게 될 것이다. 근대성이나 탈근대성이라는 개념을 아직 들어 본 적이 없다면 조금만 기다려 보시라. 곧 만나게 될 것이다. 근대성이나 탈근대성은 딱 떨어지는 일정 기간(근대는 1500년에서 2000년 사이, 탈근대성은 아직 진행중)보다는 서구 사회의 정신과 문화를 묘사하는 표현이다. 이 두 개념이 서구 사회의 지배적인 세계관 또는 큰 이야기를 대표한다고 할 수 있다. 이 책에서 자세히 살펴볼 수는 없지만, 이 두 이야기들을 '조심하라'고 말해 두는 편이 안전하겠다.

근대성은 우리 시대의 문화를 형성한 이야기였다. 이것은 창조 이야기가 아니라 물질 이야기다. 근대성은 타락(죄) 이야기가 아니라 무지의 이야기이고, 구속 이야기가 아니라 인류 진보의 이야기이다. 근대성의 이야기 틀(물질-무지-진보)은 아주 강력해서 기독교 이야기를 신봉하는 사람들조차 근대성의 신화대로 사는 사람이 많다. 너무나 오랫동안 근대의 전제 아래 살았기에 그것이 우리의 사고와 행동을 지배하고 있다. 우리는 다음과 같은 것들을 당연하게 전제한다.

- 물질은 실재한다.
- 사람은 경험한 것만을 알 수 있다.
- (개인이나 이 세상에서) 잘못된 것은 인간의 통찰로 바로잡을 수 있다.
- 인류는 이 세상의 모든 문제를 해결할 수 있는데, 인간의 테크놀로지가 그 핵심이다.

근대 이야기의 줄거리를 이루는 이런 전제들은 오늘날 대학 문화의 부흥을 불러일으켰다.

아메리칸 드림은 이런 근대 이야기의 낭만적인 버전이다. 그 이야기는 이런 식이다. 물질 세계는 온갖 좋은 것으로 가득 차 있다. 이 세계는 불안한 소비자들로 가득해서, 우리가 물질을 목표로 삼기만 하면 큰 돈을 벌어 좋은 집으로 이사 가고 좋은 차를 사고 은퇴 후 호화 양로원에서 살 수 있다. 이렇게 사는 부모를 둔 독자들이 있는가 하면, 이와 전혀 딴판인 현실을 목격한 독자들도 있을 것이다.

최근에는 탈근대성 이야기가 점점 더 인기를 끌고 있다. 대학 문화, 대중문화, 심지어는 일상 대화 가운데서도 이 이야기를 찾아볼 수 있다. 수업 시간에 해체주의나 힘의 정치학이란 말을 듣거나 라디오에서 절망과 권태를 노래하는 곡을 수없이 들을 것이다. 또 일상 대화에서는 문화 상대주의가 진리로 통용되기도 한다("글쎄, 너한테나 해당하는 말이겠지"). 탈근대성 이야기는 창조나 물질이 아니라 문화로 시작된다. 탈근대성의 이야기 틀은 창조-타락-구속-회복(성경)이나 물질-무지-진보(근대성)가 아니라 문화-압제-표현이다. 이 이야기는 다음과 같은 점을 전제한다.

- 실재는 인간이 만든 것으로, 사회적으로 구성된다.
- 인간은 남을 섬기거나 압제하는 실재들을 만들어 낼 수밖에 없다.
- 궁극적인 치유를 바랄 수는 없지만, 침묵할 수밖에 없었던 사람들에게 힘을 실어 주기 위해 노력할 수는 있다.

우리가 다문화 세상에 살고 있으며 특권 집단과 소외 집단이 발생한다는 포스트모더니스트들의 주장은 옳다. 이 정도 선까지는 탈근대성도 유익하며, 우리도 소외 계층 문제에 귀 기울이는 법을 배우려 애쓴다. 다른 사람을 악용해서 특권을 얻고 싶지는 않다. 그러므로 이 이야기를 무시해서는 안 된다. 그러나 결국 근대성의 이야기와 마찬가지로 탈근대성 이야기도 현실과는 다르다. 탈근대성의 전제는 실재의 일부분을 설명해 주기는 해도 전체를 설명해 주지는 못한다.

이 세 종류의 이야기에는 미묘한 차이가 있고, 각각의 화자는 이야기의 다른 부분을 강조한다. 근대성과 탈근대성의 이야기에는 눈여겨볼 만한 통찰이 있다. 그들의 이야기에도 일부분 진리가 포함되어 있다. 그러나 삶의 실재와 인간의 정체성을 측량하는 깊은 이야기, 메타스토리라고 하기에는 이 이야기들은 결함이 많은 동화에 불과하다.

그리스도인 대학생은 절대 방심해서는 안 된다. 기독교 이야기에 근대성이 한 장 끼어든다든지, 탈근대성을 가진 등장인물이 회복의 대서사시에 등장할 때에는 조심해야 한다. 그런 이야기는 성경의 메타내러티브에 어울리도록 신중하게 다시 써야 하며, 그런 등장인물 역시 새로운 역할을 신실하게 맡기 위해서 변화되어야 한다.

➜ 이야기 듣기와 말하기

최근에 구약성경을 다시 읽고 있다. 이야기(와 노래)를 읽으면서 나의 정체성과 세상을 바라보는 시각을 재정비하고 있다. 토니 캠폴로(Tony Campolo)와 윌리엄 윌리몬(William Willimon)은 이런 말을 했다. "우리는 성경을 읽으면서, 세상이 공식적으로 인정한 이야기들을 움켜쥔 손을 놓고 온전히 하나님 이야기에만 사로잡히라는 요청을 받는다. 성경은 단순히 규칙을 모아놓은 책이 아니다. 성경은 우리를 새로운 세상으로 옮기고, 하나님 나라에 한 발짝 다가가게 하는 책이다."[1] 나는 성경 이야기들이 사실이요, 실제로 일어난 일이라고 굳게 믿는다. 하지만 그 이야기에 나를 맡기는 자유를 누림으로써 내 눈이 열리고 내 상상력이 해방되었다. 이와 같은 일이 성경공부에 참석한 재활센터 사람들과 당신에게도 일어나기를 간절히 바란다.

이야기에 푹 빠져들어 본 적이 있는가? 잘 만든 영화를 보고 있으면 시간 개념을 잊어버리기 마련이다. 극장을 나서면서 오늘이 며칠인지, 지금이 몇 시인지, 여기가 어디인지 정신을 차려야 한다. 정신없이 소설을 읽다가 문득 시계를 보니 새벽 3시다. 다음날 아침 7시에 일어나야 하는 것도 잊고 작품에 푹 빠졌다. 훌륭한 이야기에 푹 빠지는 것은 기분 좋은 경험이다. 연애하고 싶은 사람은 로맨스 소설에 끌리고, 영웅이 되고 싶은 사람은 액션 영화에 끌린다. 몇 달 전 나도 비슷한 심정으로 이 시를 썼던 것 같다. 한 가지 차이점이 있다면, 그저 멋진 영화에 감동하는 것만으로 만족하고 싶지 않다는 것이다. 나도 그 대하드라마 속으로 들어가서 중요한 역할을 맡고 싶다.

어느 날

오늘도 잃어버린 날들과 마찬가지로 돌아간다.
뱀 같은 필름이 프로젝터에서 돌아가고
나는 벽에 비쳐진 이미지를 보고
몸을 수그려 그 이야기 속으로 빠져든다.

두려움이 모습을 갖추기 전에 깨어나 보니 꿈이 깜빡거린다.
깜빡. 기억의 알파파, 구슬땀.
깜빡, 깜빡.…발정한 사내들과 여자들 모두
슬픈 자취들, 평행선을 달리는 이야기는 절대로 만나지 않네.

다음 이야기의 프리뷰를 위해 쉬지도 않고
스크린에는 조명기사 조수, 대역 배우, 카메라 이동 담당의 이름이
번개같이 지나간다.
"제발 잘 만들어 줘!"
오메가 둠, 모든 이야기의 끝을 장식하는 묵시적 메모는 이제 그만.

각각의 이야기는 필름처럼 얇고
오늘도 대리 승리에 만족.
나도 언젠가는 영웅이 되고 싶다.
악마를 내려다보고 문명을 구원하며
섰다가 돌아서서 나가는 영웅 말이다.

독자들도 나와 비슷한 감정을 느끼리라 생각해서 이 시를 실어 본다. 화면에 깜빡거리는 이미지를 벗어나, 진짜 이야기 속에서 나 자신을 찾고 의미 있는 인생을 살고 싶지 않은가. 하나님은 당신을 그런 이야기로 초대하셨다. 좋은 화자는 이야기 밖에 있는 사람을 이야기 속으로 끌어들인다. 일단 이야기 속에 들어오면 새로운 청자는 그 이야기가 '진짜'인지 아닌지 결정할 것이다. 사람들은 그 이야기를 자기 이야기로 듣는다. 성경 이야기가 사람들의 이목을 끄는 이유는, 이해하기 쉽고 일관성이 있으며 우주 질서와 인간 경험에 들어맞기 때문이다. 귀 기울여 듣고 일단 그 이야기에 들어오기만 하면 많은 사람들이 그 이야기에 푹 빠진다. 그러나 최종적으로 사람들이 그 이야기에 빠지는 이유는 이야기의 장점 때문이 아니다. 하나님이 그들을 이야기 속으로 부르시기 때문이다.

어떻게 하면 이야기 속으로 들어갈 수 있는지 고민할 필요가 없다. 대학뿐 아니라 우리가 살고 있는 이 세상은 이미 이야기로 가득하다. 대학 커리큘럼은 이야기를 위해 마련된 대본이나 무대 지시와 마찬가지다. 대학은 커리큘럼을 통해 학생들에게 전달할 내용(교양, 취업 준비, 비판적 사고, 책임감 있는 시민의식)을 담은 과목과 교재, 요건을 체계화한다. 학생들은 다양한 과목을 수강하면서 이야기 속에서 살아가도록 사회화되고 언급되지 않은 수많은 이야기들을 만난다. 단테의 「신곡」 중 "지옥"(Inferno)편을 해설하면서 엘리엇(T. S. Eliot)은 이렇게 썼다. "지옥은 아무것도 서로 연결되지 않은 곳이다."[2] 가끔씩 대학생들을 보면 그들이 대학에서 작은 지옥을 경험하고 있는 것 같아 안타까울 때가 있다. 아무것도 연결되지 않은 그런 곳 말이다. 훌륭한 커리큘럼은 학생들이 지혜와 분별력을 키우고, 겸손과 호기심과 즐거움이 넘치는 삶을 살도록 도와야 한다.³⁾ 훌륭한 커리큘럼은 이야기를 들려주고 학생들을 그 이야기에 참여하도록 격려한다. 학교 커리큘럼에 그 이야기가 똑똑히 나와 있으리라고 기대하지 마라. 기독교 대학을 다니는 학생도 마찬가지다. 어느 대학을 다니든지, 다른 이야기들의 동시다발적인 공격 가운데 성경 이야기를 살아내는 법을 배워야 한다.

그러나 좋은 소식이 있다. 언젠가는 "아무것도 서로 연결되지 않은 곳"이 아니라, 모든 것이 한 분께 연결되고 삼위의 이야기가 지배하는 곳에 이르게 될 것이다. 그 이야기가 서서히 활개를 펴기 시작했다.

■ 토론문제

❶ 당신이 인생 이야기(자서전)를 쓴다면 어떤 제목을 붙이겠는가? 이야기의 개요를 작성해 보라. 어떤 반전이 숨어 있는가? 악당이나 영웅이 등장하는가? 당신의 이야기는 성경 이야기에 영향을 받았는가, 다른 종류의 이야기에 영향을 받았는가?

❷ 예수님도 이야기를 들려주셨다. 그 이야기나 비유는 청자로 하여금 이야기 속에 들어와 등장인물 가운데 한 사람이 되어 신학적 의미를 발견하게 하기 위한 수단이었다. 예를 들어, 누가복음 10:25-37과 마태복음 25:14-30을 읽어 보라. 예수님이 이렇게 말씀하신 이유는 무엇이겠는가? 이 이야기에서 당신은 무엇을 배울 수 있는가? 또 생각나는 다른 비유들이 있는가?

❸ 이야기에 푹 빠져들어 본 적이 있는가? 어떤 느낌이었는지 말해 보라.

❹ 학문도 이야기의 일부인가? 그렇다면 기독교 이야기의 일부가 될 수도 있겠는가?

❺ 엘리엇은 "지옥은 아무것도 서로 연결되지 않은 곳"이라고 했다. 당신이 경험한 대학 생활은 '지옥'의 파편이었는가, 교육 게슈탈트였는가?

추천도서

- 「성경은 드라마다」(크레이그 바르톨로뮤·마이클 고힌, IVP)
- Lesslie Newbigin, *A Walk Through the Bible* (Vancouver, BC: Regent College Publishing, 2005)

5장
물고기 눈 학습

1장 전혀 새로운 세상을 만나다 · 맥주와 서커스 · 성석과 심장 · 당신의 전부를 걸라 2장 바벨론 U · 다니엘과 세 친구 · 물무릎 속의 믿음 · 사금 캐기 · 3장 믿는 것이 보는 것이다 · 소용돌이를 벗어나 체제관 속으로 · 게슈탈트 · 창조-타락-구속-회복 · 다시 눈 뜬 사울 4장 이야기 구조의 삶 사이에의 삶 상충되는 이야기 · 이야기 듣기와 말하기 · 5장 물고기 눈 학습 · 실체 없는 지성 · 성경적 사고방식 · 창조 · 타락 · 구속 · 회복 · 6장 4I 학습 · 통합 · 우상 · 투자 · 상상력 · 허비의 성경 7장 무모한 생각의 구체화 · 위로, 옆으로 맺는 관계 · 천천히 깊이 파기 8장 미끄럼틀과 사다리 두 번 읽기, 세 번 쓰기 꿈은 크게, 행동은 작게 열심히 일하고, 열심히 놀라

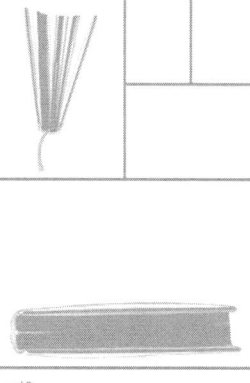

- 하나님은 학문을 중요하게 여기시는가?
- 대학생이 그리스도인이 되면 무엇이 달라지는가?
- 강의실에서 신앙은 어떤 모습으로 드러나는가?
- 기독교적 관점이란 무엇이며, 우리는 그것을 어떻게 개발할 수 있는가?
- 내 인생은 어디로 흘러가는가?
- 나는 대학에서 어떤 종류의 사람이 될 것인가?
- 내가 어울릴 만한 곳은 어디일까?
- 양팔 가득 상자를 든, 선글라스를 낀 저 여학생은 누구지?

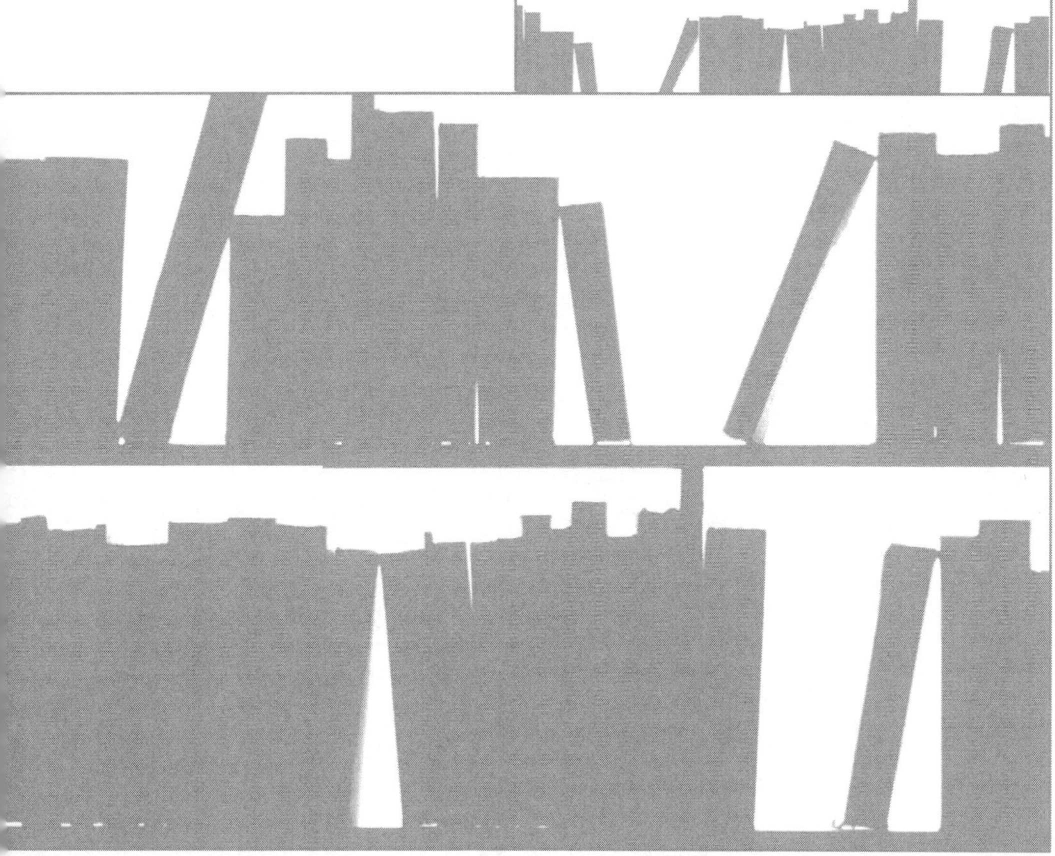

젊었을 때 외사시(外斜視)에 걸린 적이 있었다. 외사시에 걸린 사람들은 마치 물고기처럼 코앞에 있는 물건을 못 본다. 책을 두 권 갖다 놓고 한 눈에 한 책씩 고정할 수 있으면 외사시다. 그렇게 되면 공부 시간은 반으로 줄어들지 몰라도 친구들과 어울리는 시간 역시 반으로 줄어들 것이다.

이런 물고기 눈은 사진사에게는 전혀 다른 의미가 있다. 어안(fish-eye) 렌즈를 사용하면 180도가 넘는 파노라마 풍경을 포착할 수 있다. 이 장에서는 그런 파노라마 기능으로 기독교적 학습을 살펴보고자 한다. 그러기 위해 우리는 우리 앞에 놓인 도전, 즉 학문적 신실함에 성경 이야기의 개요를 적용해야 할 것이다. 본격적으로 그 작업에 착수하기 전에, 우선 어느 괴물 이야기를 잠깐 해보려고 한다.

♥ 실체 없는 지성

매리 셸리(Mary Shelley)의 고전 "프랑켄슈타인"(*Frankenstein*)의 코미디 버전인 멜 브룩스(Mel Brookes)의 "영 프랑켄슈타인"(*Young Frankenstein*)에서는 곱사등이 연구실 조수 아이고(Igor)가 실수로 괴물에게 이식할 뇌를 바꿔치기하면서 일이 엉뚱하게 꼬인다. 아인슈타인의 뇌 대신, 애비 노멀[Abby Normal, 비정상적인(abnormal) 뇌라는 뜻—편집자 주]의 뇌를 들고 온 것이다. 괴물은 덩치도 너무 큰 데다 듬성듬성 시신을 꿰매어 몸으로 만든 것도 모자라, 썩어 빠진 뇌까지 이식받게 된다.

많은 그리스도인, 특히 복음주의자 꼬리표가 붙은 사람들도 썩어 빠진 뇌의 소유자임에 틀림없다. 오스 기니스(Os Guinness), 마크 놀(Mark Noll), 조지 마스덴 같은 그리스도인 학자들조차도 복음주의 지성을 의

지박약, 스캔들, 무모함 등으로 표현했을 정도니 말이다.[1] 기독교적 지성은 손가락 하나 까딱하기 싫어하는 게을러터진 비만 환자와 같다. 운동이 절실히 필요하다. 그러나 이 학자들은, 그것이 복음주의 기독교의 주요 관심사가 아니었다는 점만 빼면 기독교적 지성의 가능성을 얕보지는 않는다. 우리는 그런 변화를 기대한다. 기독교적 지성을 위한 다이어트를 시작하고 싶다. 이것이 바로 우리가 독자들을, 생각하는 그리스도인으로 불러 모아 섬김에 적합한 늘씬한 뇌로 단련시키려는 이유다. 굳이 성경학자가 되지 않더라도(물론 성경을 진지하게 연구하는 것은 누구에게나 필요하다) 기독교적 확신을 대학 생활 전반에 적용함으로써 이 일이 가능하다.

그렇다면 이 기독교적 지성이란 도대체 무엇인가? 같은 질문을 조금 다르게 표현해 보자면 다음과 같다.

- 기독교적 관점의 독특한 점은 무엇인가?
- 기독교적 사고와 지식의 기독교적 목적이란 것이 명시적으로 존재하는가?
- 그리스도인들은 어떻게 남들과 다르게 **사고하거나**, 사물을 다르게 **보는가**?
- 전공이나 수강 과목을 바라보는 독특한 기독교적 관점이 있는가?

성경은 지성이 중요하며, 우리의 사고방식 가운데 특정한 패턴과 우선순위를 개발해야 한다고 분명히 말한다. 각 사람은 "마음을 새롭게 함으로"(롬 12:2) "모든 생각을 사로잡아"(고후 10:5) 모든 일을 "주 예수의 이름으로 하고"(골 3:17) "먼저 그의 나라를 구해야 할"(마 6:33) 책임이 있다. 철저한 기독교적 지성이나 학문에 대한 기독교적 관점을 개발한다고 할 때는 이런 구절들만 연구하는 것이 아니라, 지혜와 청지기 의식, 제자도처럼 성경 전체에 드러난 주제들을 연구해야 한다. 그런 신학을 통해 우리는 **지식**과 **기독교적 지성**이 다른 신앙 분야와 동떨어진 것이 아님을 발견할 것이다. 온전한 지식은 '행동하는' 반응도 포함한다. 다시 말해서, 기독교적 지성은 그리스도인의 성품 및 행동과 긴밀하게 연결되어 있다. 이처럼 더욱 철저한 신학은 지식과 사랑의 연결 관계도 드러내 준다. 결국 우리가 해야 할 일은 마음을 다하여 주 하나님을 사랑하는 것이기 때문이다.

> 네 마음을 다하고 목숨을 다하고 뜻을 다하고 힘을 다하여 주 너의 하나님을 사랑하라(막 12:30).

기독교적 지성은 독립된 개체가 아니다. 실체가 없는 지성이 아니란 말이다. 기독교적 지성은 항상 관계 속에 있으며 관계를 통해 형성된다. **[그리스도] 안에는 지혜와 지식의 모든 보화가 감추어져 있느니라**(골 2:3). 그리스도인들은 그리스도의 희생으로 구속받고 하나님과 화해하게 되었다. 성령은 신자들의 삶에서 활동하신다. 이러한 사실은 지식 철학의 근본을 이루며, 기독교적 지성이 본질상 관계적임을 암시해 준다. 우리의 정체성과 소명을 이해하려면 하나님과의 관계에 집중해야 한다. 기독교적 지성은 하나님과의 관계 가운데 발달하는데, 그 하나님은 창조 세계와 성경의 계시, 살아 계신 말씀이신 예수님과 성령을 통해 자신을 계시하셨다.

삼위일체와 창조 세계 가운데 드러난 하나님의 계시에 대해서는 할 말이 많지만, 일단 여기서는 다음 한 가지에 주목하도록 하자. 성경은 어떻게 기독교적 지성을 형성하는가? 성경은 그리스도를 계시하는데, 그분을 통해서만이 하나님과의 근본적인 관계가 가능해진다. 우리의 기독교적 학업은 예수 그리스도를 처음과 마지막이요, 그 중심에 모셔야 한다. 그분은 우리 사고의 알파와 오메가시다. 그 이상 더 필요한 것이 있는가?

↑ 성경적 사고방식

그리스도인의 사고는 성경적이어야 한다. 이 기독교 이야기의 개요가 기독교적 지성의 개요를 형성한다. 다시 말해, 기독교 이야기가 곧 우리 자신의 이야기가 되어 늘 이 관점에서 생각할 수밖에 없도록 만든다. 앞서 3장에서 살펴보았듯이 성경 이야기는 창조, 타락, 구속, 회복으로 정리할 수 있다.[2] 하나님의 구속적 목적의 이야기가 펼쳐지면서 이런 접근법은 하나님에 대한 온전한 증거를 고려하게 된다. 그 구속의 목적은 그분의 신실하신 주도와 약속, 그분의 언약으로 이행되며 예수 그리스도의 복음을 통해 성취된다. 이 장에서는 성경 이야기를 본격적으로 활용하는 법을 알려 주려고 한다. 성경 이야기를 아는 것만으로는 부족하다. 그 이야기대로 살아내고, 그 이야기로 모든 사물을 볼 줄 알아야 한다.

➜ 창조

모든 학문 이론과 과목의 배후에는 실재의 본질에 대한 가정이 숨어 있다. 예를 들어, 물질 세계가 전부라는 전제는 자연과학에 대한 접근법뿐 아니라 사회과학, 인문학, 예술, 직업 등의 접근법에도 영향을 미치기 마련이다. 그런가 하면, 창조라는 성경 신학에 기초한 학문 연구는 아주 중요한 의미에서 다른 종류의 연구와 구별될 것이다. 그리스도인 학자와 학생은 하나님을 만물의 창조주요, 인간의 번영과 발달을 위해 창조 세계를 설계하신 분으로 본다. 그리스도인 학자와 학생은 질서를 기대하고 발견하며, 복잡함과 신비에 놀라고, 하나님이 창조 세계에 심어 두신 선과 잠재력을 드러내려고 애쓸 것이다. 그리스도인 학자와 학생은 연구 활동과 저술을 통해 하나님께 영광을 돌리고, 창조 세계를 파괴하고 문화를 망가뜨리며 하나님의 형상대로 창조된 인간에게 해를 끼치는 사상과 실천에 이의를 제기할 것이다. 이들은 학문 연구를 통해 하나님이 만드신 이 땅을 신실하게 해석하고 돌보며 개발할 것이다. 세포생물학, 청소년심리학, 정치사상사, 토목공학 등 이들이 연구하는 모든 분야는 창조의 실재를 탐색할 기회가 될 것이다. 만물이 하나님의 창조 세계의 일부이기에, 학문은 창조 세계를 착취하는 것이 아니라 그것들을 충실하게 이해할 목적으로 개발해야 한다.

⬅ 타락

창세기 3장이 묘사하는 인간의 타락은 성경적인 사람들에게 근본이 되는 이야기다. 왜곡되고 만연한 타락의 그림자는 인류 전 역사에 그림자를 드리운다. 단순히 잘못된 행동을 한다거나 선행을 경시하는 것이 죄가 아니다. 죄는 인간의 의지뿐 아니라 마음까지 부패시킨다. 사실 죄는 모든 인간의 마음에 뿌리를 두고 있는데, 이 죄라는 잡초는 조금도 남김없이 뽑아 버려야 마땅하다. 죄는 개인의 삶은 물론, 사회 관습과 정책, 문화적 가치관을 비롯하여 인간의 자만과 창조자에 대한 경멸이 넘치는 곳이라면 어디에나 뿌리를 내린다. 본래 선하지만 망가진 창조 세계는 죄 때문에 하나님의 저주와 심판을 받게 되었고, 사단의 공격을 받아 파괴되었다(그래도 완전히 멸망하지는 않았다). 사단은 하나님의 선한 창조 세계에 기생하며 그것을 악용했다.

  타락의 결과는 창조의 모든 면에 영향을 미쳤고, 거기에는 모든 학문 분야도 포함된다. 그리스도인 학생들은 이런 질문을 던진다. "내 전공 과목과 그에 대한 접근법을 왜곡시키는 거짓 진리나 사상적 혼란에는 어떤 것들이 있는가?" 학문 연구를 포함한 그리스도인의 모든 일에는 죄의 고백이 필요하다. 우리가 하는 일, 연구실이나 강의실은 물론 본인의 사고방식에서도 지혜와 긍휼과 정의와 신실함이 결여될 때가 많다는 사실을 고백해야 한다. 그런데 그것을 지금 당장 바로잡을 수도, 또 완벽하게 바로잡을 수도 없다.

  기독교적 관점은 하루아침에 개발될 수 있는 것이 아니다. 우리는 평생 죄의 파괴력과 싸워야 한다. 우리는 개인의 삶에서뿐 아니라 지적 영역에서도 죄와 맞서 싸워야 한다. 다양한 학문 분야를 왜곡시키는 비성경적 사상과 이론들에 맞서는 것은 우리의 학문적 과제 중 하나다.

♥ 구속

  예수 그리스도의 영광스러운 복음을 열거하려면 이 책 한 권으로는 턱없이 부족하다. 복음은 구속과 능력의 구원이다. 예수님이 계시지 않았다면 온 세상은 적의 손아귀에 붙잡혀 있고 우리는 그에 저항할 수 없는 무력한 존재였을 것이다. 그리스도의 사역은 개인의 구속에 제한되지 않는다. 그리스도는 전체 창조 세계를 위해서도 죽으셨다(골 1:20; 엡 1:7-10). 예수님의 부활은 창조 세계 전 영역에 좋은 소식이다(롬 8:22-23). 그리스도 안에서 구속받은 사람들은 또한 창조 세계에서 계속되는 그리스도의 화해와 회복 사역으로 부름받는다(눅 4:14-21; 고후 5:17-20). 하나님이 염두에 두신 좋은 것은 무엇인가? 기관과 이론, 취미와 직업, 조직과 생태계 이 모두는 하나님께 영광을 돌릴 수 있는데, 그러기 위해서는 선한 청지기의 돌봄이 필요하다.

그리스도인 학생들은 하나님이 만드신 선한 구조를 이해하고 거짓에 대면하여 죄의 상처를 치유해야 한다. 또 이웃 사랑과 하나님을 높이는 문화 개발에 일조해야 한다. 성경이 말하는 복음은 개인 구원이라는 좋은 소식인 동시에, 하나님 나라의 좋은 소식이다. 하나님 나라의 좋은 소식은 창조 세계의 치유와 회복을 알려 준다. 예수님도 본인의 사역을 가리켜 하나님 나라의 복음이라고 끊임없이 언급하신다. 예수님은 인간을 용서하실 뿐 아니라 이 세상의 인류를 치유하고 새로운 길로 인도하신다. 예수님은 왜곡된 창조 세계의 치유에 관심이 있으시다. 그분은 훌륭한 의사요, 우리는 그분의 치료 과정을 도와야 할 간호사들이다.

↑ 회복

신실한 학생들에게는 다가올 하나님 나라의 소망이 원동력이다. 하나님의 정의와 평화가 그리스도 안에 이미 나타났고 예수님의 재림 때

온전하게 회복될 것을 알기에, 그 지식에 따라 날마다 인도를 받으며 살아간다. 그렇다고 해서 이 땅에서 하나님 나라를 깨닫는 것이 그리 녹록치만은 않다. 그게 쉽다면 우리는 자신의 능력을 너무 과신하여 집요하고 뿌리 깊은 이 세상 악의 능력을 우습게 보는 것이다. 언젠가 그리스도가 다시 오시면, 그 심판 날에 죄가 뿌리 뽑히고 심판자요 왕이신 그분이 우리를 새 하늘과 새 땅으로 인도하실 것이다.

또 내가 새 하늘과 새 땅을 보니 처음 하늘과 처음 땅이 없어졌고 바다도 다시 있지 않더라. 또 내가 보매 거룩한 성 새 예루살렘이 하나님께로부터 하늘에서 내려오니 그 준비한 것이 신부가 남편을 위하여 단장한 것 같더라. 내가 들으니 보좌에서 큰 음성이 나서 이르되 "보라, 하나님의 장막이 사람들과 함께 있으매 하나님이 그들과 함께 계시리니 그들은 하나님의 백성이 되고 하나님은 친히 그들과 함께 계셔서 모든 눈물을 그 눈에서 닦아 주시니 다시는 사망이 없고 애통하는 것이나 곡하는 것이나 아픈 것이 다시 있지 아니하리니 처음 것들이 다 지나갔음 이러라." 보좌에 앉으신 이가 이르시되 "보라, 내가 만물을 새롭게 하노라" 하시고 또 이르시되 "이 말은 신실하고 참되니 기록하라" 하시고(계 21:1-5).

또 그가 수정같이 맑은 생명수의 강을 내게 보이니 하나님과 및 어린양의 보좌로부터 나와서 길 가운데로 흐르더라. 강 좌우에 생명나무가 있어 열두 가지 열매를 맺되 달마다 그 열매를 맺고 그 나무 잎사귀들은 만국을 치료하기 위하여 있더라. 다시 저주가 없으며 하나님과 그 어린양의 보좌가 그 가운데에 있으리니 그의 종들이 그를 섬기며 그의 얼굴을 볼 터이요 그의 이름도 그들의 이마에 있으리라. 다시 밤이 없겠고 등불과 햇빛이 쓸 데 없으니 이는 주 하나님이 그들에게 비치심이라. 그들이 세세토록 왕 노릇 하리로다(계 22:1-5).

심판과 회복의 날을 기다리는 동안 우리는 재능을 탕진하고 지성을 썩히면서 마냥 손 놓고 앉아 있을 것이 아니라, 복음의 축복을 누리고 우리에게 드러난 희망을 좇아서 하루하루를 살아야 한다. 복음의 국제적인 영향력을 살피고, 지역경제개발 프로그램을 구상하며, 환경오염에서 생물의 다양성을 지키고, 가족과 교회를 양육하며, 색과 소리와 움직임이 조화를 이룬 예술 작품을 감상하며 살아간다. 이런 문화적 열매가 곧 하나님 나라는 아닐지라도, 현재와 미래에 임할 하나님 나라의 전조인 것은 틀림없다. 이런 작품들은 이 세상에 "희망이 살아 있다!", "하나님 나라가 도래한다!"라는 표지를 보여 준다.

이 장에서는 몇몇 성경 본문과 신학 개념을 살펴보았다. 신실한 학생이 되려면 모두 신학교에 가야 한다는 말이 아니다. 하지만 성경의 주요 주제를 꿰뚫는 통찰력이 없다면, 기독교적 지성의 개발은 불가능하다. 훌륭한 교회와 캠퍼스 선교단체들은 성경적 가르침과 기독교적 교육을 통해 이 점에 집중한다. 성경공부나 기독교적 관점 개발에 도움을 주는 책을 통해 기독교적 지성 개발에 참여할 수 있다.[3] 한쪽 눈은 성경 말씀에, 다른 한쪽 눈은 당면한 문제에 두라. 그런다고 해서 사시가 되지는 않는다. 오히려 이전보다 더 똑똑히 사물을 바라보게 될 것이다.

■ 토론문제

❶ 이전에도 '기독교적 지성'이란 개념을 들어 본 적이 있는가?

❷ 지성을 개발하고 마음을 다하여 하나님을 사랑하지 못하도록 당신을 방해하는 것은 무엇인가?

❸ 모든 학문 이론의 배후에는 실재의 본질에 대한 가정들이 있다. 언제 그런 생각을 하게 되었는가? 근본 전제들을 파악하는 것이 학문적 신실함에 중요한 이유는 무엇인가?

❹ 전공 과목이나 다른 과목을 수강하면서 "거짓 진리나 사상적 혼란"을 만난 적이 있는가?

❺ 사도행전 17:16-34을 읽으라. 이 이야기는 학문적 신실함에 어떤 함의를 갖는가?

추천도서

- 「마음을 다하여 하나님 사랑하기」(제임스 에머리 화이트, IVP)
- Clifford Williams, *Life of the Mind: A Christian Perspective*(Grand Rapids: Baker Academic, 2002)
- Harry Blamires, *A Christian Mind: How Should a Christian Think?* (Vancouver, BC: Regent College Publishing, 2005)

6장
4I 학습

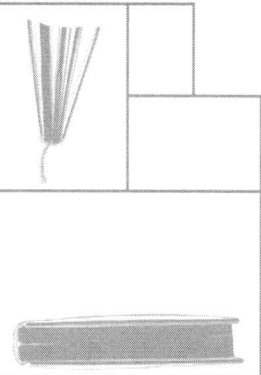

1장 전혀 새로운 세상을 만나다·맥주와 서커스·성적과 상장·당신의 전부를 걸라 2장 바벨론 U·다니엘과 세 친구·풀무불 속의 믿음·삭금 캐기 3장 믿는 것이 보는 것이다·소용돌이를 벗어나 세계관 속으로·게슈탈트·창조-타락-구속-회복 다시 눈 뜬 사물 4장 이야기 구조의 삶 사이어의 삶 상충되는 이야기·이야기 듣기와 말하기 5장 물고기 눈 학습·실체 없는 지성·성경적 사고방식·창조·타락·구속·회복 6장 4I 학습·통합·우상·투자·상상력·허비의 성경 7장 무모한 생각의 구체화·위로, 옆으로 맺는 관계·천천히 깊이 파기 8장 미끄럼틀과 사다리·두 번 읽기, 세 번 쓰기 품은 크게, 행동은 작게 열심히 일하고, 열심히 놀라

- 하나님은 학문을 중요하게 여기시는가?
- 대학생이 그리스도인이 되면 무엇이 달라지는가?
- 강의실에서 신앙은 어떤 모습으로 드러나는가?
- 기독교적 관점이란 무엇이며,
  우리는 그것을 어떻게 개발할 수 있는가?
- 내 인생은 어디로 흘러가는가?
- 나는 대학에서 어떤 종류의 사람이 될 것인가?
- 내가 어울릴 만한 곳은 어디일까?
- 양팔 가득 상자를 든, 선글라스를 낀 저 여학생은 누구지?

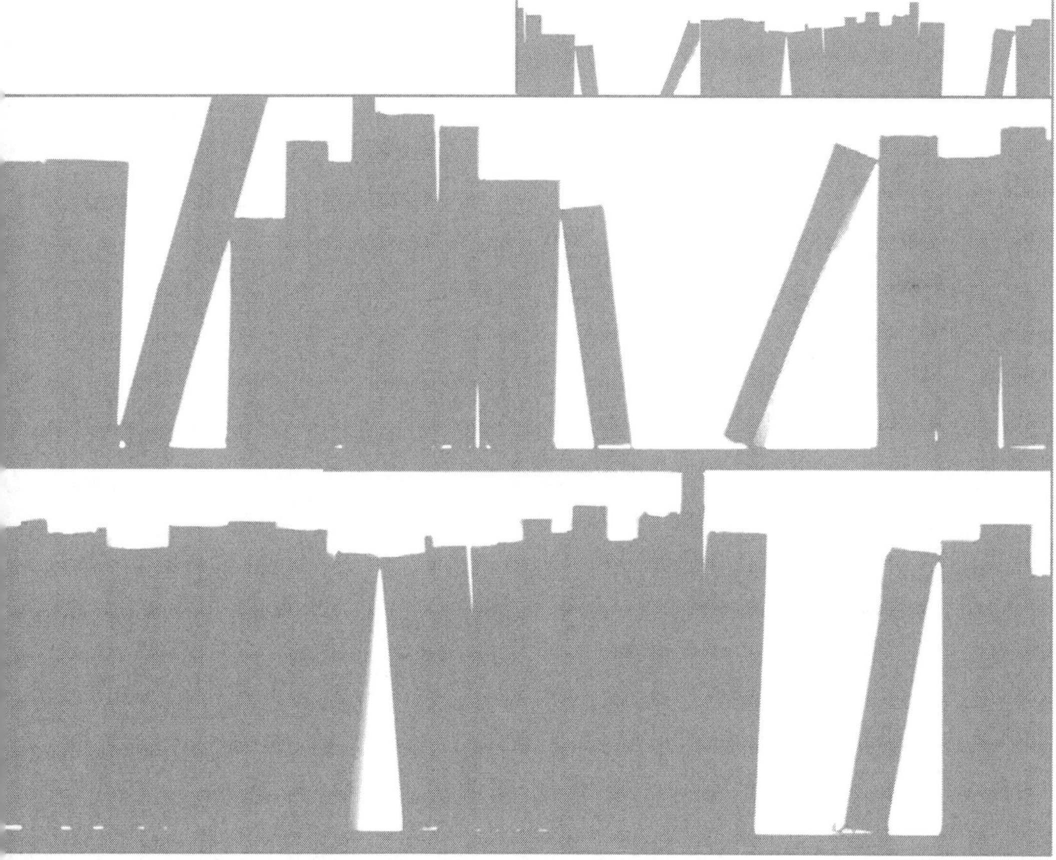

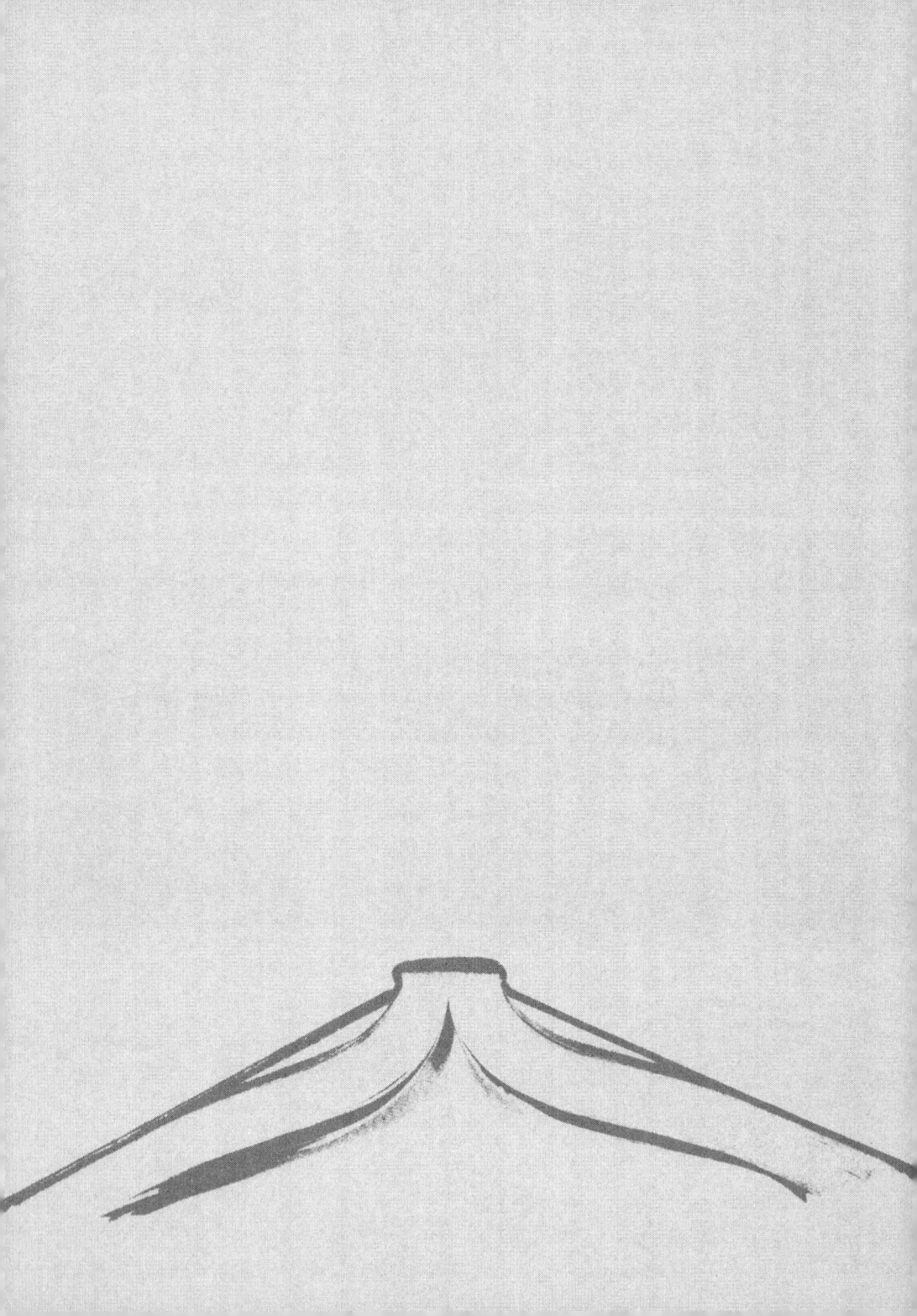

5장에 나온 신학 용어(창조, 타락, 구속, 회복)에 너무 매일 필요는 없다. 실제로도 비슷한 개념을 설명해 주는 다른 용어들이 많이 있다. 이 장에서는 학문적 신실함을 추구하는 학생들에게 유용할 다른 네 단어를 살펴보고자 한다. 이 네 단어는 성경 드라마의 핵심을 조금 다른 방식으로 설명해 준다. 창조-타락-구속-회복이 성경 이야기의 개요를 설명해 준다면, 통합-우상-투자-상상력은 충실한 학습법과의 연계성을 더욱 분명히 보여 주리라 기대한다. 앞으로 소개할 4I는 진정한 배움을 이해하는 데 큰 도움이 된다.

4I 학습

통합(Integration) ⟷ 창조
우상(Idolatry) ⟷ 타락
투자(Investment) ⟷ 구속
상상력(Imagination) ⟷ 회복

↓ 통합

'통합하다'라는 단어는 사물을 하나로 묶는 것, 즉 통일한다는 뜻이다. 어떤 사람이 통합적이라고 할 때는, 지킬 박사와 하이드처럼 양면성을 띠거나 두 마음을 품지 않고 정직하고 솔직하며 진실하다는 뜻이다. 기독교계에서는 '통합'이라는 단어가 매우 결정적인 교차점, 좀더 정확하게 표현하자면, 신앙과 학문의 풍성하고 깊이 있는 연결점을 강조하기 위해 사용된다. 통합이라는 단어가 성경에 나오지는 않지만 그 개념만큼은 분명히 나타나 있다. 성경은 삼위일체 하나님께 헌신하라고 강조한다. 성경이 삼위일체의 신비를 언급할 때에도 통일성은 중요한 개념으로 비춰진다. 하나님의 창조 세계 가운데 신실함은, 하나님을 기억하고 그분이 주신 **많은 것**에 감사하는 것이다.

그리스도인들은 통합적 관점을 개발하는 데 유리한 고지를 차지하고 있다. 그 통합이 어디서 오는지 알기 때문이다. 하나님 한 분만이 통합의 근원이시요, 의미의 근본이시다. 통합은 창조라는 성경 개념과 연결되어 있다. 하나님은 창조 세계의 다양성과 창조 세계의 질서를 유지하는 통일성 모두의 근원이시다. 창조 세계에 존재하는 다른 모든 것은 하나님이 아니며, 그 어떤 것도 만물의 궁극적인 기준으로 기능할 수 없다." 우리는 모든 사물을 창조주와의 관계에서 이해하려고 애쓰며, 그렇기 때문에 어떻게 하면 삶의 다양한 분야가 하나님께 영광을 돌리고 서로 연결되어 그분이 의도하신 창조적 조화와 평화(샬롬)를 가져오는지 이해하기 위해 노력한다. 하나님에 대한 믿음과 창조 영역(모든 학문 분야, 행위, 기관)을 연결하는 지혜와 통찰을 구하는 것이 곧 '신앙과 학문의 통합'이라고 할 수 있다.

"모든 진리는 하나님의 진리다"라는 아서 홈즈(Arthur Holmes)의 유명한 경구도 이 점을 잘 포착하고 있다. 기독교 고등 교육의 문제를 다룬 얇은 책에서 홈즈는 통합이라는 개념을 아주 잘 설명했다. 그는 오랫동안 이 주제에 천착한 예리한 사상가였다. 여기서는 기독교 기관을 언급하지만, 그리스도인 학생들에게도 동일한 관점을 적용할 수 있다.

> [기독교 고등 교육에 대한 독특한 접근법은] 신앙과 학문, 신앙과 문화의 창조적이고 활동적인 통합을 촉진하는 교육이어야 한다.…그것은 어떤 경

우에도 경건과 학문, 신앙과 이성, 종교와 과학을 분리해서는 안 된다.… 또한 그 통합은 단순히 신앙과 학습의 어색한 결합을 초월해야 한다. 악한 동맹이 아니라 효과적인 연합이어야 한다. 우리에게 필요한 것은 그리스도인이면서 동시에 학자인 사람이 아니라 그리스도인 학자요, 단순히 기독교와 교육을 나란히 갖다놓는 것이 아니라 기독교 교육이다. 통합은 추가적인 도덕적 가르침이나 적용을 꺼린다.…통합은 방법론과 자료, 개념과 신학 구조에 대한 철저한 분석은 물론, 자유로운 학습에 대한 살아 있고 생생한 해석, 기독교 신앙에 대한 헌신을 필요로 한다.[2]

신앙과 학문의 통합이라는 개념은 일부 기독교 대학에서는 진부한 문구가 되어 버렸다. 이는 신앙과 학문의 통합이 4년 만에 터득할 수 있는 간단한 방법론이 아니기 때문일 것이다. 진정한 그리스도인 학생과 학자가 되고자 하는 이들에게 통합은 끊임없는 과제다. 우리는 본인의 신앙을 성경의 증언과 통합하기 위해, 우리의 행동을 말과 통합하기 위해, 학문적 성과를 신학과 통합하기 위해 부단히 노력해야 한다. 이런 영역에서 통합(신실함)을 추구하는 것은 그리스도인의 공통된 소명에서 핵심적인 부분이다. 다시 말해서, 그리스도인 학생의 의무는 하나님께 매일매일 평생 신실한 것이다. 이 신실함은 우리가 하나님의 세상에서 얻는 지위와 책임이 무엇인지 그분이 알려 주신 내용을 분별하도록 도와준다. 그중에는 예술가도 있고, 운동선수, 시민, 소비자, 고용인과 피고용인, 학생과 선생도 있을 것이다.

아서 홈즈는 통합의 다른 측면, 즉 학제간 학문에 대해서도 교훈을 준다. 홈즈가 보기에 학문에 대한 학제간 접근은 매우 중요한데, 이는 통합 학습의 자연스러운 부산물이기 때문이다. 홈즈에 따르면, 학생들은 전인 학습을 통해 "관계 속에서 사물을 바라보고, 사상을 질서 있는 전체로 조직하며, 체계적이고 통합적인 이해를 추구한다."[3] (게슈탈트 기억하는가?)

리처드 슬림바흐(Richard Slimbach)는 깊이와 통찰력이 있는 학제간 접근법을 적극 활용하라고 교사들을 격려한다. 당신이 다니는 대학의 교수가 그의 조언을 듣지 않는다면, 당신 스스로 다음과 같은 접근법을 시도해 보면 어떨까.

세계화라는 이슈는 한 가지 과목으로 다루기 힘들다. 한 과목만 공부해서는 학생들이 삼림 벌채와 쇼핑몰, 자유 무역과 도심 인구 이동, 신기술과 범죄, 국제 원조와 빈곤 증가의 연관성을 밝혀내기 어렵다. 이런 문제들을 같은 옷감의 실이 아니라, 동떨어진 별개의 사실로 임의로 다루는 경향이 심하다. 학생들에게 **학제간 사고**를 가르친다고 해서 (전형적인 교양 교육 프로그램에서 하듯이) 여러 과목을 무작정 소개하는 것만으로는 불충분하다. 우리의 주요 관심사는 학생들이 단편적인 지식을 의미 있고 응집력 있는 삶의 비전으로 **통일하도록** 돕는 것이다. 그러기 위해서는 교사가 먼저 그 비전을 확실히 볼 수 있어야 한다.[4]

신앙과 학문의 통합과 학제간 통합은 신실한 학습의 출발점에 불과하다. 일관성의 중요성과 하나님에 대한 의존을 깨닫는 것은 학문적 신실함의 일부이다. 우리는 또한 성경이 **지식**과 **행위**의 연속성을 강조한다는 사실을 깨달아야 한다. 우리의 최종 목표는 통합된 관점의 습득이 아니라 통합된 삶이다. 학문은 그저 좋은 직장과 자기 개발을 위한 것이 아니다. 학문은 하나님과 이웃 사랑은 물론, 창조 세계를 돌보고 건강한 공동체를 개발하는 방편이 되어야 한다.

내게 큰 충격을 주었고 지금까지도 영향을 끼친 학습 체험을 되돌아보면, 하나같이 어떤 식으로든 통합을 발견하도록 도운 체험들이었다. 사회나 과학의 문제점을 다루면서 신앙과의 연계성을 찾아볼 수 있었다. 나는 중독 환자들과의 토론 과정에서 중독 행위를 이해하는 학제 간 접근법이 유익하다는 사실을 발견했다. 또 언젠가는 노숙자를 돕는 중에 그 문제의 심각성을 깨닫게 된 적도 있었다. 진정한 배움은 평생을 수반하는 과정이다. '학교'는 재미없을 때도 있지만, 진정한 배움은 결코 지루하지도 재미없지도 단편적이지도 않다.

♠ 우상

하나님의 선한 창조라는 자연의 조화와 통합은 인간의 불순종으로 이 세계가 죄와 혼돈에 굴복하면서 사라져 버렸다. 인간은 에덴 동편에서 시작된 새 문화와 역사 가운데 자기 뜻대로 살기 시작했다. 그들은 하나님을 저버리고 스스로 만든 우상을 숭배하기 시작했다. 또한 자기 업적을 자랑하는 문화를 개발하기 시작했다. 하나님은 우상(정확히 말하자면, 사기꾼)을 좇는 사람은 죽음에 이른다고 여러 번 경고하셨다(출 20:1-6). 우상은 늘 굶주려 있기에 자기를 숭배하는 사람들을 찾는다(시 115편). 이스라엘 역사에서 우상을 가려내기란 그리 어렵지 않다. 금송아지, 바알, 아세라, 다곤 등은 모두 조각한 신이었다. 신약성경은 우상이 그 자체로는 아무것도 아니라고 말하지만(고전 8:4), 우상은 명백한 불신앙의 표지다. 바울은 탐욕 같은 무형의 문제까지도 우상으로 규정한다(엡 5:5; 골 3:5). 이런 무형의 우상들은 고대 이스라엘의 조각한 우상에 비해 가려내기가 쉽지 않다.

우리는 위험한 우상을 만방에 알리는 예언자의 사역을 이 시대에 계속해야 한다. 위험한 도로나 절벽에는 다른 사람을 배려하는 뜻으로 경고 표지판을 붙인다. 마찬가지로, 나쁜 사상에 경고 표시를 하는 것은 '진리'를 수호하는 일일 뿐 아니라 거짓에 넘어갈 수 있는 다른 사람을 배려하는 중요한 일이다. 우상과 우상 제작자, 나무 형상에 절하는 사람들을 조롱하는 이사야 44장의 어조를 흉내 내는 것은 별로 좋은 생각이 아닐지도 모른다. 하지만 우상의 가면을 벗겨내는 일은 교회와 사회, 대학을 섬기는 중대한 일이다.

우상은 교육 기관, 교과서, 이론 속에 파고들기를 좋아한다. 거기서 지지 세력을 얻은 우상들은 의심이 없는 사람들을 노예로 끌어들인다. 존경받는 교수들은 물론, 대부분의 대학생들은 학계를 이런 식으로 보지 않는다. 그들은 학계가 매우 중립적인 곳이며 신앙 문제는 학계와 전혀 상관이 없다고 여긴다. 우리가 속한 문화는 하나님에 대한 충성에는 전혀 흥미가 없기 때문에, 맹목적인 사상이나 비성경적 세계관, 통일성이 결여된 가치 체계 등을 인식하지 못한다. 그러나 성경은 "하나님 아는 것을 대적하여 높아진 것을 다 무너뜨리는"(고후 10:5) 것이 우리의 과제라고 분명히 밝힌다. 이 시대의 우상을 무너뜨리기에는 자기 자신이 너무 약하다고 생각될 때조차도, 우리는 계속해서 경고장을 붙이고 우상을 무너뜨릴 능력이 충만하신 그분의 구원을 간구해야 한다.

기독교적 관점은 비기독교적 관점과는 근본적으로 다르다. 이것을

안티테제라고 부르기도 한다. 예수 그리스도는 만유의 주시다. 그는 창조 세계에 대한 모든 거짓된 주장과 스스로 창조 세계의 주인이라 주장하는 거짓 주인들에 맞서 창조 세계를 보호하신다. 빛이 어둠을 비추었다. 하나님 나라가 이 세상 나라 가운데 심겼다. 앞에서 이야기한 것처럼, 그리스도인들은 근대성이나 탈근대성의 영에 흔들려 넘어지지 말아야 한다. 그 두 가지 모두 하나님의 영을 제대로 표현한 것이 아니기 때문이다. 근대성과 탈근대성에서 이 세상의 삶은 성경 이야기가 아니라 인류 건설의 이야기로 형성된 것이다. 기독교적 관점은 두 가지 모두와 다른데, 둘은 인간의 통제와 자율성이라는 정신에서 비롯되었기 때문이다. 기독교적 관점은 기독교 이야기, 궁극적으로는 예수 그리스도에 근거한다. 창조 세계의 다른 어떤 것도 궁극적인 판단 기준이 될 수 없다. 그렇게 될 경우 우상이 탄생한다.

우상은 다양한 형태를 띠는데, 특정 과목으로 변장하기도 한다. 예를 들어, 그리스도인 학생과 편견 없는 교수들, 경건한 학자들, 신실한 사업가들이 청지기 의식 같은 기독교적 원리를 발달시키기 시작하면서 경제 개념에 대한 비평이 출현하게 된다. 깊이 있는 기독교적 사고는 흔히 기존 대안을 배제하는 결과를 낳는다. 다시 말해서, 기독교적 경제 이론은 사회주의나 자본주의 경제 이론과는 전혀 다른 대안적 접근법으로 등장할 것이다. 이처럼 그리스도인의 삶에 대한 성경적 이론 혹은 신실한 모델을 찾는 것을 "제3의 방법"이라고 말하기도 한다. 경제학에 대한 제3의 사고에는 사회 정의, 빈곤층의 필요, 과소비, 부의 집중에 대한 깊이 있는 관심사 등이 있다(약간 좌로 치우친 듯하지 않은가?). 그러나 경제학에 대한 신실한 사고에는 직업 형성, 공개 시장의 상대적인 성공,

정부 통제의 한계 등도 포함된다(약간 우로 치우친 듯하지 않은가?).

기독교적 관점이 늘 중도를 유지한다는 말은 아니다. 때로 기독교적 관점 때문에 매우 보수적인 견해나 정책을 택하기도 하고, 때로는 피켓을 준비해 거리 행진에 나서기도 한다. 우리 주변에 만연한 우상은 우리가 소중하게 여기는 관점들에도 이미 스며들어 있을지 모른다. 우상을 진단하는 것은 매우 힘든 학문 과제이며, 분별력과 기도, 지속적인 대화가 필수적이다. 우상을 진단하는 것은 시작에 불과하다. 주요 주제에 대한 독특한 기독교적 관점을 개발하는 것은 진지한 연구와 폭넓은 대화, 큰 용기를 필요로 하는 일이다.

하나님은 신자와 불신자를 막론하고 좋은 은사와 지혜를 부어 주신다. 이것을 **일반 은총**이라고 한다. 그리스도인들은 다른 관점을 가진 사람들에게서도 배울 것이 많다. 오만한 무신론자가 위대한 문학 작품을 쓸 수도 있고, 신학은 훌륭해도 실력은 형편없는 과학자가 있을 수도 있다. 우리는 훌륭한 통찰이 등장할 때마다 그것을 분별하며, 그런 통찰을 통합된 세계관으로 녹여 내는 법을 배워야 한다. 이것이 바로 바울이 마스 힐에서 한 일이다(행 17장). 그는 유명한 세속 시를 인용하여 적대적이지만 지적인 자신의 청자들과 의사소통하는 데 성공했다.

우리가 대학에서 보는 교과서는 대부분 비그리스도인 저자의 작품이다. 이것은 어쩔 수 없는 현실이다. 하지만 다른 관점들의 왜곡과 한계를 분별하는 훈련을 터득하기만 한다면, 이런 환경은 학생들에게 더할 나위 없이 유익할 수도 있다. 앞서 강조했듯이 학생들은 절대 방심해서는 안 되지만, "모든 진리가 하나님의 진리"라는 사실을 알기에 안심할 수 있다. 비기독교적 사상을 연구하고 통합된 세계관 따위는 믿지 않는 대학 교수들이라 할지라도 학문을 사랑하고 학생을 사랑하는 마음은 똑같다. 하나님의 일반 은총 덕택에, 우리는 진리를 모색하고 가르치기 원하는 훌륭한 교수들의 업적을 존중할 수 있다.

➜ 투자

우리는 지금 성경적 세계관과 신학을 섭렵하는 것이 기독교적 지성 개발에 핵심이라는 이야기를 하는 중이다. 그런 신학에서 가장 중요한 요소가 무엇인지에 대해서는 의견이 분분할 것이다. 기독교 전통마다 성경에서 강조하는 부분이 다르다. 예를 들어, 어떤 전통에서는 우리를 죄에서 구원하고 천국을 약속해 주는 것을 복음이라고 본다. 이런 견해는 복음전도의 시급성을 강조하는 반면, 세상 문화에 대한 신학이나 생활 윤리를 형성하는 데는 별로 관심이 없다. 또 다른 전통에서는, 복음이 구원할 뿐 아니라 회복한다고 본다. 인간은 본래 하나님이 창조하신 모습으로 변하고, 창조 세계도 본래 하나님이 창조하신 모습으로 변한다. 이런 관점은 삶의 모든 영역에서 그리스도의 주되심을 인정한다. 신실함은 모든 분야에서 드러나야 한다. 우리가 이 땅에서 하는 일은 그저 입에 풀칠하기 위한 것이 아니라, 언젠가는 우리의 수고가 정결케 되리라는 소망 가운데 희생 제물로 올려 드리는 것이다(고전 3:10). 예수 그리스도의 신실한 제자는 "잘하였도다, 착하고 충성된 종아"(마 25:23)라는 칭찬을 듣고 싶어 한다. 이런 관점은 우리에게 학업과 직업에서 의미를 찾을 수 있다는 확신을 심어 준다.

무슨 일이든지 하나님의 영광을 위해 할 수 있다(골 3:17). 상식을 벗어나지 않는 선에서 주님을 위해 한 일이라면 함부로 비난해서는 안 된다. 많은 사람들이 가족을 먹여 살리기 위해 일하지만, 그리스도인의 소명은 거기서 한 발 더 나아가야 한다. 그리스도인들은 직업을 이웃 사랑과 공동선을 추구하는 방편으로 삼아야 한다. 우리는 성공하기 위해서가 아니라 신실함과 섬김을 표현하기 위해 공부하고 일한다. 우리 동네 대형 서점의 1.5미터 높이 책장에는 "사람들이 일에서 의미를 찾도록" 돕는 책, "직장에서 기운을 불어넣어" 주는 책이 즐비하다. 물론 중요한 주제이고 이해할 만한 현상이다. 아무 의미가 없는 일을 일주일에 40-60시간씩 하고 싶은 사람이 어디 있겠는가? 아무리 월급을 많이 받아도 별로 만족스럽지 않을 것이다. 성경에서 말하는 인생과 직업에 대한 관점이야말로 무의미한 일에 대한 최선의 답이 아닐까 싶다. 우리는 오늘날 일의 영성을 되살려서 9시부터 5시까지(그 이후로도!) 생생하게 살아 숨 쉬는 기독교를 되찾아야 한다. 물론 일의 한계와 함께, 삶의 다른 영역(가족, 공동체, 환경, 예술 등)에 투자하는 기쁨도 배워야 할 것이다.

그리스도인이 삶이 중요하다고, 창조 세계가 삶의 번영을 위해 계획되었다고, 하나님이 이 세상의 삶을 소중히 여기신다고 믿게 되면, 일을 비롯하여 우리가 하는 모든 것에 대한 투자가 새로운 의미를 지니게 된다. 관계가 중요해지고 망가진 관계가 회복될 수 있다. 공동체가 중요해지고 또한 회복될 수 있다. 학교마다 하나님을 알고 사랑하는 신실한 교사들이 필요하다. 그런 교사들은 학생들을 소중히 여기고, 학생들에게 진정 중요한 배움을 가르쳐 줄 커리큘럼을 개발할 준비가 되어 있다. 재계에도 신실한 회계사와 창의적인(잔머리 굴리지 않는) 마케팅 담당자가 필요하다. 우리 교회에는 훌륭한 목회자와 지도자가 필요하며, 평신도들은 지역 교회뿐 아니라 본인이 하는 일에서 하나님의 관심사를 표현할 수 있어야 한다. 의미 있는 투자가 없다면, 세상에서의 삶에 대한 생활 윤리가 없다면, 일에는 아무 활력이 없고 공동체는 시들어 가며 교회는 텅텅 비고 관계는 망가질 것이다. 지루함과 혼란만 가중될 뿐이다.

← 상상력

우리가 사는 세상은 오늘날 (당신과 같은?) 예언자가 외치는 소리를 들어야 한다. 이 예언자들은 **현재 상태**보다 **앞으로 되어야 할 모습**에 비중을 둔다. 지금까지 현재 상태(죄로 모든 것이 왜곡된 창조 세계)에 대해서는 많이 이야기했다. 그렇다면 **앞으로 되어야 할 모습**을 그리려면 어떻게 해야겠는가? 앞에서 이야기했듯이 그리스도인들은 창조 세계의 회복에 투자해야 한다. 그리스도인들은 이 세상을 향한 하나님의 관심을 구체적으로 표현하게 될 것이다. 그러나 우리를 최종적인 회복, 즉 만물이 새로워지는 미래로 인도하는 것은 결국 인간의 노력이 아니다. 그리스도인들은 그날을 기대하면서 준비하고 기다린다. 대격변을 **간절히 기다린다**는 것이 이상하게 보일 수도 있다. 하지만 망가진 이 땅에서 슬픔과 고통을 안고 살아가는 이들에게는 그렇게 이상하게 보이지만은 않을 것이다. 다가올 영광을 상상하(고 깊이 생각하며 기대하)는 이들에게도 마찬가지다.

우리는 요한계시록 21-22장(앞 장에서 이미 이 본문의 일부를 살펴보았다)에서 이러한 소망을 엿볼 수 있다. 여기서 우리는 도시로 크게 확장되어 온전히 임한 에덴을 볼 수 있다. 하나님은 다시 한 번 자기 백성 가운데 거하신다. 그분은 모든 눈물을 닦으시고, 모든 상처를 치유하시며, 모든 어둠을 밝히 비추신다. 날마다 평화가 다스리고, 사랑이 모든 사람을 하나로 연결하며, 주춧돌에서조차 아름다움이 빛을 발한다. 아마도 이런 상태를 가장 잘 묘사한 단어가 히브리어 단어 '샬롬'이 아닐까 싶다. 평화를 뜻하는 샬롬은 '거하는' 단어다. 이는 구약성경에 나오는 예언자들의 환상에 잘 표현되어 있는데, 이들은 미래의 회복을 사막에서 새 생명이 피어나고, 사자들이 양 떼 옆에서 평화롭게 잠자고, 전쟁 도구가 쟁기로 변하며, 모든 사람이 조화롭게 살아가는 곳으로 묘사했다. 이것이 창조 세계의 치유에 관한 그림이다. 샬롬은 하나님이 우리 가운데 거하시며, 인간 공동체가 하나님을 가까이하면서 누릴 축복 가운데 함께 거하는 평화다. 샬롬 가운데서는 노래와 웃음과 뜀박질이 끊이지 않을 것이다.

그때까지는 기쁨과 평화를 일부분만 누릴 수 있을 뿐이다. 만찬 전에 나오는 애피타이저처럼, 그것을 예비하는 것도 우리가 할 일 중 하나다. 학업 역시 그 축전을 기다리는 기대감으로 넘쳐야 한다. 아직 오지 않은 세상에 있을 것을 미리 연습하는 셈이니 말이다.

샬롬의 관점에서 볼 때 상상력은 학문에서 중요하게 부각된다. 우리의 상상력은 자아실현이라는 현재의 열망과 꿈에서 해방되어야 한다. **현재의 존재 방식**을 넘어 **앞으로 될 존재 방식**을 바라볼 수 있어야 한다. 새로워진 상상력에 소망이 덧입혀지고, 이 소망이 기도 가운데 드러나며, 이것이 긍휼과 용기를 삶에 밀어 넣는 헌신으로 나타나야 한다. 리처드 미들톤(Richard Middleton)과 브라이언 왈쉬(Brian Walsh)는 성경적 상상력을 촉진하는 질문을 몇 가지 제안한다.

해방된 상상력은 미래를 맞이하는 데 필수불가결하다. 결과적으로 우리는 정직하게 몇 가지를 자문해 보아야 한다. 과연 우리는 현존하는 억압과 경제적 우상숭배라는 전 지구적 정치학이 자리하는 곳에서 정의와 긍휼의 정치학을 **상상할** 수 있겠는가? 부유와 빈곤의 지배적 경제학이 자리하는 곳에서 감히 우리는 평등과 돌봄의 경제학을 **상상할** 수 있겠는가? 만일 우리가 선지자적 환상과 성경적 꿈으로 자녀를 양육한다면 과연 어떤 일들이 벌어질 것이라고 **상상할** 수 있을까? 지겨운 직장 생활을 어쩔 수 없이 해야 하는 일이나 윤택한 삶을 위한 수단으로 여기지 않고 예배와 경배와 찬송의 행위로 **상상할** 수 있을까? 우리는 병적으로 죽음에 사로잡힌 깨어진 사회가 아닌 생명을 긍정하는 사회를 **상상할** 수 있을까? 창조 세계가 착취가 아니라 우정을 맺는 관계라고 **상상할** 수 있을까? 우리는 대중 매체가 우리를 문화적 자기만족과 잠 속으로 몰아넣는 수단이 아니라, 각성된 사회적·문화적·영적 갱신을 돕는 수단으로 **상상할** 수 있을까? 또한 우리는 이윤 추구, 공해, 상품의 과잉 생산과 판매 등이 아닌 청지기 정신, 환경에 대한 책임성, 그리고 섬김이 특징인 사업 계획을 구상할 정도로 상상력이 개방적인가? 만일 해방된 상상력도 급진적인 꿈도 없다면 그 이야기는 우리에게 닫혀 있으며, 우리에겐 희망이 없다.[5]

안타깝게도 상상력은 학계의 주요 관심사가 아니다. 우리 문화는 창조성을 마비시킨다. 우리는 전문가들, 즉 훌륭한 영화, 중독성 강한 게임, 도처에 널린 광고를 제작하는 사람들의 상상력을 의지한다. 대중문화의 어법으로 상상하고 대량 구입하도록 교육을 받는다. 이런 상황에서는 성경적인 상상력을 개발하기가 쉽지 않다. 그러나 예언자를 따라 하다 보면 성경적 상상력이 구체화되지 않을까 싶다. 예언자들은 현실에 대한 불만이 고조되고 미래에 대한 희망의 상상력이 있었기에 하나님께 쓰임을 받았다. 하나님이 당신의 가족과 학교, 교회, 직장을 어떻게 바꾸고 싶어 하실지 상상할 수 있겠는가? 성령께서 우리를 불러 "더 깊이 들어가라"고, 고정관념을 깨라고, 하나님의 세상을 회복하는 일에 창조적으로 협력하라고 하시는 모습을 **상상할 수 있겠는가?**

우리는 이 장에서 논의하는 4I 학습법이 연결고리를 만들고, 거짓을 분별하며, 목적의식(하나님의 목적과 연결되는 목적)을 가지고 살아가도록 도와주리라 기대한다. 출발점이 중요한데, 우리가 거기서 시간을 충분히 보내지 못했는지도 모른다. 당신은 그리스도 한 분만을 주님으로 따르기로 작정했는가? 그분이 당신의 학업에 진지하게 관심을 갖고 계신다는 사실을 느끼는가? 기독교 세계관이 당신의 강의실과 연구실, 학계의 관행, 미래 투자에 어떤 함의를 갖는지 고민해 보려는 의지가 있는가? 우리는 성령께서 이 세대의 그리스도인 대학생들에게 더 깊이 들어가라고 말씀하신다고 믿는다. 당신도 그 부르심을 받았다는 사실을 상상할 수 있겠는가?

↓ 허비의 성경

허비는 상황을 파악하기 시작했다. 아래에 그 인터뷰를 요약해서 실었지만, 핵심 내용은 정확히 허비의 견해를 담고 있다.

허비, 성경을 어떻게 생각하나요?

성경은 금지 조항과 율법을 모아놓은 책이라고 늘 생각했습니다. 예수님은 종말을 알고 계셨고, 성경에는 용서와 구원의 메시지가 들어 있다는 사실을 알고 있었습니다. 복음을 믿게 된 지는 5-6년 정도 되었지만, 성경에는 단순히 도덕과 구원에 대한 가르침 이상이 있다는 사실은 올해가 되어서야 알았습니다. 성경은 하나님 나라로 초청하는 책입니다. 하나님 나라로 초청한다는 것은 참여한다는 것입니다. 하나님의 관심사를 실천하고 하나님의 세상에서 기쁨과 목적을 가지고 살아가는 것이죠.

성경을 어떻게 읽습니까?
한동안은 하루에 한 장씩 날마다 성경을 읽으려 했습니다. 나쁘지 않았습니다. 읽은 내용을 친구들과 함께 이야기한 것이 가장 큰 도움이 되었습니다. 일종의 성경공부가 되었죠. 성경의 얇은 책이나 비유를 하나 골라 읽고 본문에 대해 이야기합니다.····양심에 찔리지 않으려고, 질문에 대한 답을 찾으려고 성경을 읽었는데, 지금은 좀 더 느긋해졌다고 할까요. 이제는 성경 이야기에서 나의 문제가 아닌 하나님을 발견하게 되었습니다. 하나님이 무슨 일을 하시고 어떤 일에 관심을 갖고 계신지 보게 되었죠.

성경 읽기와 학교 수업은 어떤 상관관계가 있나요?
첫 학기에 종교 과목을 수강하면서 성경이나 기타 경전에 대해 다루었습니다. 그 밖의 다른 수업에서 성경을 필독서나 참고 도서로 제시하는 경우는 없었죠. 하지만 내가 읽은 성경과 수업 시간에 배우는 내용을 연관 지을 수 있게 되었습니다. 지금은 기독교 신앙을 좀더 확실히 이해하게 되면서, 수업 시간에 배우는 내용과 성경에서 읽은 내용이 일치하지 않는다는 사실을 깨닫고 있습니다. 그래서 교과서나 교수님 말씀을 (좋은 의미에서) 비판적으로 대하는 법을 배우려고 노력합니다. 그렇게 하려면 더 열심을 내야 할 것 같은데, 솔직히 무엇을 어떻게 해야 하는지 잘 모르겠습니다.

학문적 신실함을 추구하게 된 동기가 있다면요?
머릿속을 맴도는 성경 구절이 하나 있었습니다. 계속 그 말씀을 생각하면서 무슨 뜻일까 고민했죠. 바울이 고린도 교회 지도자들에게 보내는 고린도후서에 나오는 말씀이었습니다. 고린도는 문제가 많은 도시였죠. 도시에 만연한 문제가 교회에도 만연했을 것입니다. 바울은 마치 중요한 일전을 앞두고 팀을 격려하는 코치처럼 사람들을 몰아세우려고 애썼습니다. 그러나 그가 머릿속에 그리는 전쟁은 큰 시합이 아니라 일상생활, 어떤 의미에서는 대학 생활에 대한 것이었습니다.

> 하나님 아는 것을 대적하여 높아진 것을 다 무너뜨리고 모든 생각을 사로잡아 그리스도에게 복종하게 하니(고후 10:5).

이 본문을 보면서 진지한 생각에 빠졌습니다. 나를 속이고 있는 논쟁과 주장은 어떤 것들인가? 모든 생각을 사로잡아 그리스도께 복종하게 한다는 것은 무슨 뜻일까? 한 달 넘게 이 질문이 나를 따라다녔습니다. 그러다가 결국 이런 질문들을 함께 토론하기 원하는 소그룹을 만나게 되었죠. 그렇게 해서 일이 시작된 것입니다.

허비는 지혜로운 청년이다. 그는 성경을 공부하고, 친구들과 함께 토론하며, 그 내용을 수업 시간에 배우는 것과 연결해 보려고 애쓰고 있다. 그는 할 수 있는 일이 많고, 그중 일부를 우리가 함께 살펴보겠지만 어쨌든 출발이 좋다. 나는 3학년이 되도록 이 상태에 이르지 못했다. 허비는 작년에 신입생이었다. 그는 대학 시절 동안 훌륭한 습관을 기르려고 애쓰고 있었다. 칭찬할 만한 청년이다.

■ 토론문제

❶ 이 장에서는 당신이 처음 볼지도 모르는 용어를 몇 가지 소개했다. 이 용어는 아주 중요하다. 다음 용어를 정의해 보고, 이 장에서 어떤 의미로 사용했는지 설명해 보라.

- 통합
- 우상
- 샬롬
- 안티테제
- 제3의 방법
- 일반 은총

❷ 신앙과 학문의 통합은 무엇을 말하는가? 단순히 통합된 '관점'을 소유하는 것이 목표가 아닌 이유는 무엇인가?

❸ 학문적 신실함에서 상상력이 중요한 까닭은 무엇인가?

❹ 당신도 허비처럼 성경을 읽고 있는가?

추천도서

- Cornelius Plantinga Jr., *Engaging God's World: A Christian Vision of Faith, Learning, and Living* (Grand Rapids: Eerdmans, 2002)
- Steven Garber, *The Fabric of Faithfulness: Weaving Together Belief and Behavior*, 2nd ed. (Downers Grove, IL: InterVarsity Press, 2007)

7장
무모한 생각의 구체화

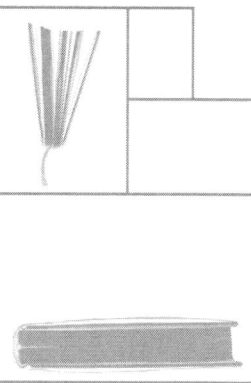

1장 전혀 새로운 세상을 만나다·맥주와 서커스·성적과 상장·당신의 전부를 걸라 2장 바빌론 U·다니엘과 세 친구·불무불 속의 믿음·사금 캐기 3장 믿는 것이 보는 것이다·소용돌이를 벗어나 세계관 속으로·게슈탈트·창조─타락─구속·회복·다시 눈 뜬 사울 4장 이야기 구조의 삶·사이에의 삶·상충되는 이야기·이야기 듣기와 말하기 5장 물고기 눈 학습·실체 없는 지성·성경적 사고방식·창조·타락·구속·회복 6장 41 학습·통합·우상·투자·상상력·허비의 성경 7장 무모한 생각의 구체화 위로, 앞으로 맺는 관계 천천히 깊이 파기 8장 미끄럼틀과 사다리·두 번 읽기, 세 번 쓰기 꿈은 크게, 행동은 작게 열심히 일하고, 열심히 놀라

- 하나님은 학문을 중요하게 여기시는가?
- 대학생이 그리스도인이 되면 무엇이 달라지는가?
- 강의실에서 신앙은 어떤 모습으로 드러나는가?
- 기독교적 관점이란 무엇이며, 우리는 그것을 어떻게 개발할 수 있는가?
- 내 인생은 어디로 흘러가는가?
- 나는 대학에서 어떤 종류의 사람이 될 것인가?
- 내가 어울릴 만한 곳은 어디일까?
- 양팔 가득 상자를 든, 선글라스를 낀 저 여학생은 누구지?

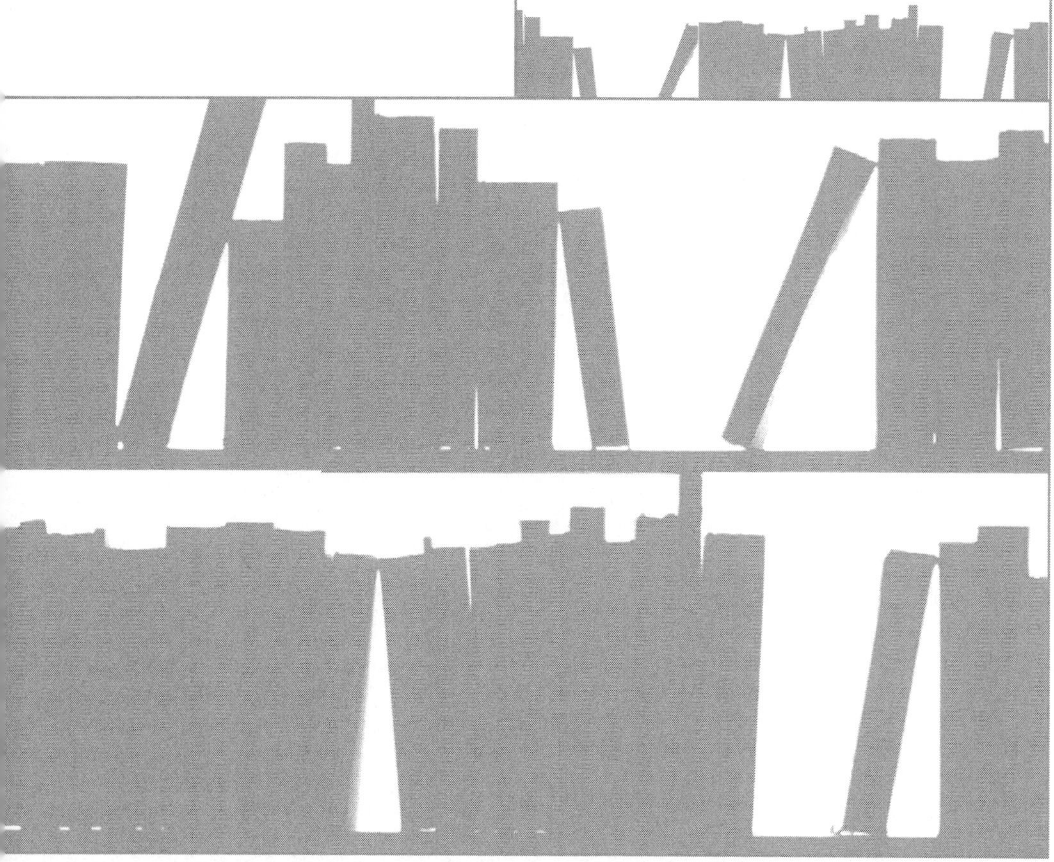

내 생애 첫 번째 자전거는 고물상에서 건져왔다. 스프레이 칠을 한 파란 자전거는 양쪽 펜더가 없었고, 어린아이에게 걸맞은 자그마한 플라스틱 안장이 있었다. 체구가 크지 않았던 나는 안장에 앉는 데 별 무리가 없었다. 내 자전거에는 보조 바퀴가 없었기 때문에 시간이 지나면서 충돌과 무릎 상처 따위는 개의치 않게 되었다. 이제 와서 하는 이야기지만, 아이들은 그놈의 딱한 보조 바퀴 없이 자전거 타는 법을 배워야 한다는 게 나의 지론이다. 엄마나 아빠 혹은 누나가 함께 보도를 따라 내려가면서 자전거 옆에서 따라와 주면, 잠깐은 잘 나가는 것 같다가도 금방 넘어지곤 했다. 나는 비록 배우는 속도는 느렸지만 실패를 빨리 잊는 편이었다. 그러던 어느 날 누나가 내 곁에서 자전거 타는 모습을 지켜봐 주었는데, 나는 넘어지지 않고 계속해서 페달을 밟으며 속도를 냈다. 자전거를 타고 하늘 위로 날아가는 기분이었다. 뒷마당에서 낙엽을 치우고 계시던 엄마 아빠께 한껏 소리를 질렀던 그때를 아직도 잊지 못한다. 부모님은 힘껏 손을 흔들어 주셨고, 나도 양팔을 크게 내저었다. 안타깝게도 아직까지 파도타기는 젬병이다.

    내 파란 자전거에 사용 설명서가 딸려 왔더라면 아마도 휴지통으로 직행했을 것이다. 매뉴얼 따위를 들여다보기에는 너무 어린 나이였으니까. 하지만 어른이 된 지금도 사용 설명서를 들여다보지 않기는 마찬가지다. 물론 자세한 사용법을 숙지해야 하는 물건도 있지만, 대부분은 직접 몸으로 부딪혀야 제대로 배울 수 있다. 골프가 대표적인 예다. 골프 비디오를 수없이 보고 오랫동안 골프 잡지도 탐독했지만, 나는 영락없이 골프 코스에서 가장 위험한 사람으로 꼽혔다. 나는 늘 내 친구 밥이 부러웠다. 밥은 내가 아는 사람 중에 운동 신경이 가장 뛰어났다. 하루는 텔레비전에서 30분가량 골프 경기를 지켜보더니 곧바로 완벽한 스윙을 선보였다. 난생 처음 나선 골프 코스에서 나보다 10타를 앞섰다. 밥의 정신과 몸은 완벽하게 하나였다. 머릿속에 떠올린 것을 그대로 실행에 옮길 수 있었다. 언젠가 밥은 MTV에서 틀어준 뮤직 비디오 몇 편을 보고 그날 밤 파티에서 스타로 등극했다. 마돈나와 댄서들의 춤을 그야말로 완벽하게 재현해 냈다. 밥은 운동 감각이 조금 좋은 정도가 아니라 천부적으로 타고난 사람이다. 사람은 누구나 보고 따라 하면서 배운다. 그저 몸이 잘 따라 주지 않는 게 안타까울 따름이다. 독서를 통해 배우기 좋아하는 사람들도 읽은 내용을 실천함으로써 유익을 얻는다.

여름 동안 우리 대학의 성경공부 소그룹은 성경 가운데 조금 어려운 책을 읽고 토론했다. 한번은 모임을 마무리하는 시간에 마이클이라는 학생이 이런 질문을 던졌다. "이 성경공부의 결과로 제가 어떤 식으로든 바뀌어야 하는 걸까요? 생각이 달라져야 한다는 건 이해하겠는데 도대체 행동은 어떻게 바뀌어야 하는 걸까요? 제가 뭘 **해야** 하죠?" 일주일에 몇 시간씩 소위 '삶을 변화시키는' 성경공부를 준비한 사람에게는 힘 빠지는 질문이 될 수도 있다. ("이 친구는 도대체 뭐가 문제야?" 하는 생각이 들었지만 물론 입 밖으로 내뱉지는 않았다.) 그러나 마이클의 질문은 정곡을 찌른다. 우리는 새로운 사상을 만나고 깊이 있는 토론도 하지만, 우리가 생각하는 신실함을 구체화하는 데까지 나아가지는 못한다. 성경이 말하는 **지식**에는 배운 것에 대한 반응도 포함된다. 정말로 안다는 것은 단순히 머리로만 이해하는 것이 아니라, 그 이해에 기초하여 행동하는 것을 뜻한다.

우리는 독자들이 눈 깜짝할 사이에 학문적 신실함을 터득하게 되리라고 생각지도 않지만, 단순히 **독서**를 통해서 그것이 가능하리라고도 생각지 않는다. 이 책이 계기가 되기를 바라지만, 이 책의 역할은 아주 미미하리라는 것을 잘 안다. 좀더 장기적으로 당신에게 영향을 미칠 **행동**이 있을 것이다. 어느 시점이 되면 자전거에 올라 페달을 밟아야 한다 (약간의 멍은 감수해야 할 것이다). 나이키의 학습 철학은 "일단 한번 해봐"(Just Do It)이다. 우리의 철학은 그렇게 한 문장으로 잘 빠지지는 않았다. 우리는 독자들이 행동하고, 상상하고, 숙고하고, 이야기하고, 읽고, 기도하기를 바란다. 다 해야 한다. "일단 한번 다 해봐"라는 마지막 부분도 나이키의 슬로건만큼 멋지지는 못한 것 같다. 이 장에서는 **행동**의 변화를 통해 깊이 있고 중요한 교훈을 얻을 수 있다는 점을 이야기하려 한다. 이미 스케줄이 꽉 찬 대학 생활에 새로운 실천, 새로운 습관과 행동 양식을 밀어 넣기란 쉬운 일이 아니다. 그러나 학문적 신실함에 이르는 유일한 길은 이것밖에 없다. (이미 간단히 소개한) 마이클과 매기 두 학생이 약간의 힌트를 제공해 줄 것이다. 독자들도 곧 그들과 같은 길을 걷게 되기를 바란다.

↓ 위로, 옆으로 맺는 관계

우리가 염두에 둔 변화를 위해서는 당신을 알고 사랑해 주는 사람들의 도움이 필요하다. 그래서 첫 번째로 할 일은, 당신을 가장 잘 도와 줄 만한 위치에 있는 사람들과 관계를 강화하는 것이다. 우선 그리스도인이라면 누구나 예수 그리스도와 깊이 있고 역동적인 관계를 맺도록 도와주는 훈련이 필요하다. 이 책에서 그 부분을 자세히 다루지는 않겠다. 그런 훈련이 중요하지 않아서가 아니라, 그런 훈련을 다룬 훌륭한 책들이 이미 많이 나와 있기 때문이다.

 살아 계신 그리스도와 생생한 관계를 개발하고 유지하려면 어떻게 해야 하는가? 모태신앙이든 초신자든 예수 그리스도와의 관계는 정적일 수가 없다. 모든 사람은 예수님과의 극적인 만남, 그 첫 순간을 기억할 것이다. 죄를 고백하고 그리스도께 용서를 구하자 새로운 인생이 찾아왔다. 능력 있는 약속을 받고 새로운 영으로 힘을 얻었다. 한동안은 이 실존적인 만남 덕분에 정서적으로 한껏 고양되어 힘이 넘쳐 났을지도 모른다. 하지만 시간이 흐르면 이렇게 극적인 회심을 체험한 사람조차도 (어릴 적부터 그리스도에 대한 헌신을 고백한 모태신앙인과 마찬가지로) 평범한 일상으로 돌아오게 될 것이다.

 예수님과의 관계는 기분에 좌우되어서는 안 된다. 다른 모든 관계처럼, 그분과의 관계 역시 함께 시간을 보내면서 자라게 마련이다. 우리는 교회에서 예수님과 시간을 보낸다. 그리스도인들이 함께 모여 예수 그리스도와 관계를 맺는 곳이 바로 교회다. 매주 예배를 드리면서도 이 점을 놓칠 때가 있지만, 제대로 된 '교회'라면 모일 때마다 예수님과의 관계에서 중요한 측면을 점검하고 축하해야 마땅하다.

1. 우리는 신앙을 함께 고백한다.
2. 우리는 죄를 함께 고백하고, 우리 죄가 그리스도 안에서 용서받았다고 선포하고 확신한다.
3. 우리는 성례전을 통해 그리스도와 연합한다.
4. 우리는 예수님을 높이고 그분의 구원 행위를 찬양한다.
5. 우리는 고백과 간구와 찬양으로 기도함으로써, 사랑하는 그분과

대화한다.

6. 우리는 성경 봉독과 설교를 통해 본문에서 예수님이 말씀하시는 내용을 살핀다.
7. 우리는 순종하고 섬기며, 그리스도의 사랑과 하나님 나라의 약속을 창조 세계 구석구석에 퍼뜨리는 법을 조금씩 훈련한다.

물론 매주 한두 시간 정도 투자해서는 이런 일을 이루어 내기 힘들다. 교회는 이런 것들을 공동체로 함께 훈련하는 장이다. 각 사람은 공동체의 다른 사람들과 함께 일상에서 이런 훈련을 실천해야 한다. 주일 오전에 예수님과 맺은 관계는 월요일 오전부터 토요일 저녁까지 변함없이 생생하게 살아 있어야 한다. 일할 때나 공부할 때나 시합에 나갈 때 그리스도와의 관계를 내팽개쳐 두어서는 안 된다. 주일 오전에 하는 모든 행위를 일주일 내내 실천에 옮겨야 한다. 복음이 선포한 용서를 매일매일 누리지 못한다면 나는 미쳐 버리고 말 것이다. 하루 종일 감사하는 마음으로 살지 않는다면 아주 큰 즐거움을 놓치고 사는 셈이다. 주일뿐 아니라 다른 날에도 성경 읽기와 성경공부 모임을 통해 성경을 가까이 하지 않는다면 그리스도와의 관계는 방치될 것이다. 직업이 무엇이든 간에, 일주일 내내 그리스도와의 연결고리를 놓치지 않기 위해 애써야 한다.

기도는 위로 맺는 하나님과의 관계에서 빠질 수 없는 요소인데도 흔히들 무시하기 쉽다. 초자연적 실재를 믿는다는 그리스도인들조차도 그런 존재와 상관없이 살아가며, 기도가 정말 효과가 있는지 의구심을 품는다. 나도 그런 생각을 할 때가 자주 있다. 기분 좋을 때는 감사 기도를 드리고 중요한 결정을 앞두고는 하나님의 인도를 구한다. 기도를 **이용하는** 것이다. 이런 태도는 나에게 정말로 필요한 강력한 관계를 맺는 데 별반 도움이 되지 않는다. 예수님과 연결되려고 기도하거나 내 삶에 그분을 초청하는 기도를 드리는 경우는 가뭄에 콩 나듯 한다. 앞에서도 지적했지만, 학문 세계는 죄 때문에 망가진 곳이 많다. 내가 다니는 학교를 위해, 또 캠퍼스에서 주님이 나와 동행해 주시도록 기도해야 한다. 기도는 학문적 신실함으로 나아가는 중요한 첫걸음이다.

일주일 동안 기도 실험을 한번 해 보겠는가? 당신의 교수님과 과 친구들, 관심 있는 연구 주제를 위해 기도하고 지혜를 구하라. 정기적으로 나가는 기도 모임이나 성경공부 모임이 있다면, 학업을 진지하게 대하게 해 달라고 기도를 부탁하라. 수업 시간 직전에 기도하고(짧아도 괜찮다), 과제를 하기 전에 기도하라. 우리는 눈에 보이는 작은 일을 **실천**하는 것이 학문적 신실함의 여정에서 좋은 출발점이 된다고 믿는다. 이 기도 실험은 중요한 **훈련**이 몸에 익숙해지도록 도와줄 텐데, 이 훈련은 조만간 당신을 변화시킬 것이다. 아래 예시와 같이 수업 전에 드리는 짧은 기도가 훌륭한 출발점이 될 것이다.

하나님이 저를 이 대학과 전공, 이 수업으로 부르셨음을 믿습니다. 거짓을 가려내고, 가치 있는 통찰을 발견하며, 겸손하게 기여할 수 있도록 도와주세요. 하나님의 세상을 배워 가는 동안 지혜를 주시기를 구합니다. 공부하는 동안 저를 지켜봐 주세요. 이곳에서 하는 공부가 하나님 나라를 섬기는 데 준비되는 과정이기를 원합니다.

하나님과 연결되는 것 이외에 다른 신자들과의 교제도 필요하다. 외톨이 신앙은 깨지고 왜곡되기 쉽다. 앞에서 이야기한 지역 교회 출석은 기본이고, 그리스도인 학생들은 그들을 격려하고 단련하고 성장시켜 줄 신실한 친구들이 필요하다. 깊이 있는 우정 관계를 맺으려면, 의미 있는 내용을 가지고 함께 대화하는 시간이 필요하다. 매기는 그 점을 이렇게 표현했다.

하나님은 제게 훌륭한 그리스도인 친구들을 허락하셨어요. 캠퍼스에서 그리스도인으로 산다는 게 정말 힘들기 때문에 도움을 받을 수 있는 공동체가 꼭 필요합니다. 혼자서는 많이 힘들었을 거예요. 특히 학문적 신실함의 문제에서는요. 질문을 던지고 함께 생각해 볼 수 있는 공동체가 필요했어요. 곁길로 빠지지 않도록 친구들이 도와주었습니다. 제 생각이 성경적인지 아닌지 판단할 수 있도록 조언을 해주었죠. 학업과 연관된 질문들, 또 제 인생과 미래와 연관된 더 큰 질문들을 붙잡고 씨름할 수 있도록 친구들이 곁에서 지지해 주었어요.

나도 대학에서 매기와 똑같은 경험을 했다. 하나님이 보내 주신 훌륭한 그리스도인 친구들은 대학 4년은 물론, 졸업 이후로도 내게 큰 격려와 도전이 되었다. 지금 생각해도 너무 감사한 일이다. 이 친구들이 없었다면, 각종 자원봉사 활동과 선교 여행, 성경공부 인도와 캠퍼스 선교단체 활동, 신앙 서적 읽기, 교수님들과의 대화, 한밤중까지 이어진 토론 등 내 대학 생활의 절반은 존재하지 않았을 것이다. 수업 시간보다 친구들과 함께한 토론과 활동에서 더 많이 배웠다 해도 과언이 아니다.

이제는 교수의 입장에서, 대학 생활의 진정한 기쁨과 참여를 누리지 못하는 학생들을 보면 가슴이 아프다. 이 학생들에게는 여러 이슈에 관여하는 동료 집단이 없다는 점이 문제다. 물론 나와 같은 경험을 하는 학생들도 있다. 어쩌면 하나님이 당신에게도 그런 축복을 주셨는지 모르겠다. 그렇지 않은 학생이라면, 이 부분을 놓고 기도하면서 우정 관계를 쌓아 가기 시작해야 한다.

그리스도인 친구들과 우정을 쌓는 것이 중요하지만 이것이 전부는 아니다. 그리스도인 학생들은 다양한 방식으로 모든 종류의 사람들과 어울려야 한다. 같은 전공을 공부하는 열심 있는 학생들, 또 사회에서 활발히 행동하는 사람들과 모임을 꾸리기를 권한다. 다음에 해당하는 사람들과 교제할 방안을 생각해 보라.

- 당신에게 기꺼이 투자할 의향이 있는 교수나 멘토
- 생각하는 그리스도인의 목소리를 환영하고 필요로 하는 집단
- 전공 과목 토론 그룹
- 당신이 사는 동네에서 활동하는 자원봉사자들
- 당신과 종교적 신념이 다른 사람들
- 타문화와 타전통에서 온 사람들

대부분의 대학교가 하나님과의 관계에는 별 도움이 되지 않지만, 다른 사람들과 관계를 맺도록 돕는 데는 적극적이다. 교환학생이나 학점 교류 프로그램 등을 이용하면 대학교 벽을 넘어 또 다른 배움의 기회를 얻을 수 있다. 상아탑을 벗어난 자원봉사 또한, 행동으로 배우고

신앙을 행동으로 옮길 수 있는 좋은 방법이다.

그리스도인은 등잔 위 등불과 같은 존재다. 어느 어리석은 마을에서 가로등을 모두 한 장소에 몰아 놓았다고 생각해 보라. 그리스도인은 칠흑 같은 어둠을 밝힐 책임이 있으므로 전략적으로 흩어져야 한다. 세상 구석구석, 특히 대학의 거리마다 빛이 환하게 비추어야 한다.

↑ 천천히 깊이 파기

대학에 다닐 때 "철학과 예술"(Humanities: Philosophy and the Arts)이라는 교양 과목을 수강했다. 서양 문명의 근본을 살피는 이 수업은 학생들이 싫어할 수밖에 없는 과목이어서, 학생들은 이 수업에 '인간 장기'(Human Parts: 수업명의 앞글자만 따서 만든 조어—역주)라는 애증 섞인 별명을 붙여 주었다. 담당 교수님을 생각하면 난 지금도 안타깝다. 대놓고 수업을 무시하는 학생들을 앞에 두고도 교수님은 열강을 하셨다. 불쌍한 교수님. 강의실에 학생이라고 몇 명 앉아 있었지만, 모두들 딴 짓을 하는 게 뻔히 보였다. 심지어 수업 시간에 게임기를 붙잡고 있는 학생도 있었다.

이렇게 강의 시간에 자리만 지키고 있는 대학생이 한둘이 아니다. 그나마 수업 시간에 나타나지 않는 학생은 자리를 지키고 앉아 있지도 않는다. 그런 학생들은 수업 시간을 헌신짝처럼 생각하는 모양이다. 그렇다면 그리스도인 학생들은 어떤가? 기억을 되살려 보면, '인간 장기' 수업에 대한 내 태도 역시 썩 훌륭하지는 못했다. 다른 학생들과 마찬가지로 수업 시간 내내 어서 수업이 끝나기만을 기다렸다. 수업료 1,000달러와 180시간을 낭비하는 것은 물론, 서양 문명의 뿌리와 열매를 조금이나마 확인할 수 있는 소중한 기회를 날려 버렸다. 이 주제야말로 요즘 내가 가장 관심 있는 분야이니 참 아이러니한 일이다. 그때 교수님의 수업 내용에 집중했으면 얼마나 좋았을까. 수업 시간에 경청하고, 읽기와 토론과 과제에 조금만 더 충실했다면 좋았을 텐데. 원치 않는 수업을 억지로 수강한 게 화근이었다. 결국에 손해 본 건 나 자신이니까.

존 스토트(John Stott)는 그리스도인들에게 더 집중해서 들으라고 권면하는 내용의 책을 썼다. 그중에는 이런 내용이 있다. "기독교 제자도에서 가장 중요한 (동시에 사람들이 가장 무시하기도 하는) 요소는 경청하는 귀를 개발하는 것이다. 귀 기울이지 않는 사람은 결코 훌륭한 제자가 될 수 없다."[1] 경청하지 않는 사람은 좋은 학생이 되지 못한다. 좋은 학점을 받으려면 시험에 뭐가 출제될지 수업 시간에 귀 기울여 들어야 한단 소리가 아니다. 훌륭한 학생은 수업 내용을 잘 듣고 행간의 의미를 읽어 낸다. 그런 학생들은 교수가 말하지 않은 내용도 알아듣고, 수업 시간에 정말 전달되어야 할 내용이 무엇인지 귀를 기울인다. 학문적 신실함을 위해서는 경청하는 귀가 필요하다.

수업 시간에 기도하고 집중한 다음에는 이제 곰곰이 따져 보아야 한다. 면밀한 검토를 위해 교과서와 강의 주제를 객관화할 필요가 있다. 중요 주제의 핵심을 간파하고 폭넓게 문화적, 창조적 맥락에서 그 주제들을 이해하려면, 호기심을 갖고 비판적인 질문을 던질 수 있는 능력을 키워야 한다. 훌륭한 학생은 본인의 전공 과목을 철저히 검토하고, 다른 과목과의 연관성을 살피며, 신앙과 학문의 관계까지 생각한다. 그렇기 때문에 그리스도를 충실히 따르려는 그리스도인 학생이라면 나머지 공부가 필수적일 수밖에 없다. 물론 쉽지 않은 일이다. 존 스토트는 학생들에게 "이중적 귀 기울임"이 필요하다고 제안한다. 그리스도인들은 말씀과 세상에 동시에 귀를 기울여야 한다.

하나님의 말씀에 귀를 기울일 때는 겸손한 복종의 마음으로, 그것을 이해하려 애쓰면서, 그리고 우리가 이해한 것은 무엇이든 믿고 순종하기로 결심하면서 그렇게 한다. 그러나 세상에 귀를 기울일 때는 정신을 바짝 차리고 비판하는 마음으로, 그러나 역시 이해하려 애쓰면서, 그리고 반드시 그것을 믿거나 순종하지는 않을지라도 세상에 공감하며 복음이 어떻게 세상과 관련되어 있는지를 발견하기 위해 은혜를 구하면서 그렇게 한다.[2]

이중적으로 귀 기울이기 위해서는 우리가 공부하는 내용과 관련하여 좋은 질문을 던지는 법을 배워야 한다. 브라이언 왈쉬는 "그리스도인+대학교=?"(Christian+University=?)라는 기사에서 그 구체적인 내용을 소개한다.

왜 경제학은 대체로 수량 과학으로 축소되는가? 음악과 기술이 만난 현대 음악의 문제점은 무엇인가? 다양한 심리학파(행동주의, 프로이트 심리분석, 교류분석, 생체에너지 요법)의 근저에는 인간성에 대한 어떠한 근본 전제가 있는가? 과학이 의료 산업에서 근본적인 역할을 담당하는 까닭은 무엇인가? 과연 그 정도의 역할을 할 만한가? 공학 분야에서 테크놀로지를 사회적 안락의 수단으로 보는 이유는 무엇인가? 그런 믿음에는 어떤 전제가 깔려 있는가? 사회사업학은 사회적 안녕을 어떻게 정의하는가? 이런 질문들은 모두 대학 연구에 대한 세계관의 뿌리를 보여 준다. 그리스도인들

은 이런 질문들을 던져야 한다.³⁾

    스무 살 대학 새내기가 혼자 힘으로 이런 질문을 해결할 길은 없다. 깊이 파려면 누군가와 합력해야 한다. 우리는 까다로운 질문을 던지는 공동체에 참여하여 그곳에서 성장해야 한다.

    골로새서는 예수 그리스도의 복음과 세상을 연결해 주는 전통적인 성경 본문으로 꼽힌다. 골로새서 1:15-20에서 바울은 만물을 다스리시는 예수님의 주되심을 웅장하게 묘사한다. 실제로 이 짧은 본문에 '만물'이라는 단어가 일곱 번이나 등장한다. 이 본문에 나오는 '만물'이라는 단어 대신 '학과'를 집어넣고, '하늘과 땅'이라는 광범위한 영역 대신 창조 세계의 일부분인 '대학'을 집어넣어 아래에 실었다. 대학이라는 상황을 감안해서 몇 군데 수정을 하긴 했지만, 이 내용이 본문의 원래 의도에 어긋나지 않는다고 믿는다.

    그[예수 그리스도]는 보이지 아니하는 하나님의 형상이시요 모든 피조물보다 먼저 나신 이시니 과목이 그에게서 창조되되 대학에서 보이는 것들과 보이지 않는 것들과 혹은 왕권들이나 주권들이나 통치자들이나 권세들이나 과목이 다 그로 말미암고 그를 위하여 창조되었고 또한 그가 만물보다 먼저 계시고 과목이 그 안에 함께 섰느니라. 그는 몸인 교회의 머리시라. 그가 근본이시요 죽은 자들 가운데서 먼저 나신 이시니 이는 친히 만물의 으뜸이 되려 하심이요 아버지께서는 모든 충만으로 예수 안에 거하게 하시고 그의 십자가의 피로 화평을 이루사 과목 곧 대학에 있는 모든 것이 그로 말미암아 자기와 화목하게 되기를 기뻐하심이라(골

1:15-20, 저자 수정).

파야 할 게 너무 많다. 대학의 모든 학문과 창조 세계 구석구석은 우리가 탐색해야 할 대상이다. 예수님은 총 감독이실 뿐 아니라 설계자와 건축가시요, 우리가 열심을 다하는 이 프로젝트를 완성하실 이시다. 내가 하고 싶은 말은, 그리스도인 학생들은 수업 시간에 집중해서 깊이 파헤쳐 들어가야 한다는 것이다. 이것은 **훈련**이다. 이미 이런 훈련이 몸에 익은 학생들도 있겠지만, 대부분은 지금부터 열심히 노력하지 않으면 안 된다.

굳은 땅에 구덩이를 깊이 파 본 사람은 알겠지만, 제대로 파려면 천천히 땅을 파야 한다. 땅 파는 일은 누가 먼저, 제일 깊이 땅을 파느냐 하는 문제가 아니다. 그런 속도전은 10분이면 물집이 잡히고, 20분 후에 탈진하는 것 이외에는 아무런 도움이 되지 않는다. 학문 세계를 파는 일도 마찬가지여서 시간이 흐르면 구덩이 옆에 제법 쌓인 흙더미를 볼 수 있을 것이다. 기도와 집중, 연구를 훈련할 때 꾸준히 자기 속도를 유지하는 것이 중요하다. 로마는 하루아침에 세워지지 않았다. 신실한 그리스도인 학생도 하루아침에 탄생하지 않는다.

대학을 졸업할 무렵, 그간 쌓였던 불만이 터지고 말았다. 강의실에 만연한 학계의 세속성에 정면으로 대응하여 무작정 밀어붙이기로 결심했다. 그런데 수업 시간에 토론하는 내용에 대해 제대로 아는 바가 없다는 게 문제였다. 하지만 그저 용기백배였던 나는 무조건 대놓고 말하기로 했다. 안타깝게도 그런 행동은 신중한 기독교적 관점과는 거리가 멀었고, 다른 학생들이나 교수님들에게 그리스도인도 학문 연구에 기여할 수 있다는 인상을 주지 못했다. 교수님을 전도하겠다고 토론 중간에 끼어든 적도 여러 번 있었다. 학문적 신실함이 곧 복음전도는 될 수 없다는 뜻이 아니라, 우리의 태도에 신중을 기해야 한다는 뜻이다. 인내심을 훈련해야 한다. 당시에는 과제를 꼭 해야 한다는 생각이 없었는데, 수업 시간 토론에 제대로 기여하기까지는 엄청난 독서와 학습이 필요했다. 나는 진화를 다루는 생물학 수업 시간에 내 좁은 어깨에 놓인 대학이라는 어마어마한 부담을 느낄 필요가 없었다. 철학 개론 시간에 교수님이 신의 존재를 부정한다고 해서 세상이 종말 위기에 처한 것도 아니었다.

물론 강의실에서 그리스도를 대변해야 할 때도 있을 것이고, 그리스도인 대학생들의 용기가 시험을 받는 상황도 있을 것이다. 그러나 당신과 강의실에 있는 다른 학생들을 위해, 그리고 무엇보다도 복음을 위해 인내와 겸손을 훈련해야 한다. 기도하고 수업 시간에 집중하며 좋은 질문을 던지는 법을 배워라. 그리고 쉬어라. 끈기를 가져라. 조용히 자신감을 키워라. 그러다가 하나님이 나타나셔서 "모든 피조물보다 먼저 나신" 이를 증거할 기회를 잔뜩 부어 주신다 해도 놀라지 말라.

▪ 토론문제

❶ 성경에 나오는 '지식'이라는 개념에는 배운 내용에 대한 반응도 포함된다. 왜 이 점을 염두에 두는 것이 중요한가?

❷ 예수 그리스도와의 관계를 개발하도록 도와주는 훈련에는 어떤 것들이 있는가? 당신이 강한 부분, 약한 부분이 따로 있는가?

❸ 기도가 학문적 신실함에서 중요한 이유는 무엇인가? 이 장에서 이야기한 일주일간의 기도 실험을 시도해 볼 의향이 있는가?

❹ 우리는 학문적 신실함에서 핵심적인 여섯 가지 관계를 언급했다. 어떤 관계들인가? 그중에서 당신이 최근 맺고 있는 관계는 몇 가지나 되는가? 나머지 관계들도 개발할 수 있는 좋은 아이디어가 있는가?

❺ 골로새서 1:15-20을 읽고, '만물'이 등장하는 곳에 당신의 전공 과목을 넣어 보라. 그 내용을 어떻게 생각하는가?

추천도서

- 「영적 발돋움」(헨리 나우웬, 두란노)
- 「영성 훈련」(달라스 윌라드, 은성)
- N. T. Wright, *For All God's Worth: True Worship and the Calling of the Church* (Grand Rapids: Eerdmans, 1997)

3장
미끄럼틀과 사다리

1장 전혀 새로운 세상을 만나다 · 맥주와 서커스 · 성격과 심성 · 당신의 전부를 걸라 · 2장 바벨론 U · 다니엘과 세 친구 · 풀무불 속의 믿음 · 사금 캐기 · 3장 믿는 것이 보는 것이다 · 소용돌이를 벗어나 세계관 속으로 · 계슈탈트 · 창조–타락–구속–회복 다시 눈 뜬 사물 4장 이야기 구조의 삶 사이어의 삶 · 상충되는 이야기 · 이야기 듣기와 말하기 · 5장 물고기 눈 학습 · 실체 없는 지성 · 성경적 사고방식 · 창조 · 타락 · 구속 · 회복 · 6장 4Ⅰ 학습 · 통합 · 우상 · 투자 · 상상력 · 허비의 성경 7장 무모한 생각의 구체화 · 위로, 앞으로 맺는 관계 · 천천히 깊이 파기 · 8장 미끄럼틀과 사다리 두 번 읽기, 세 번 쓰기 꿈은 크게, 행동은 작게 열심히 일하고, 열심히 놀라

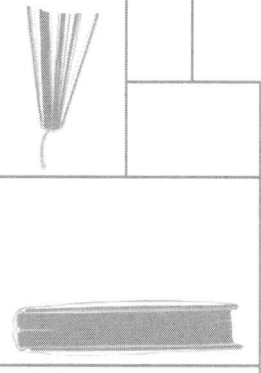

- 하나님은 학문을 중요하게 여기시는가?
- 대학생이 그리스도인이 되면 무엇이 달라지는가?
- 강의실에서 신앙은 어떤 모습으로 드러나는가?
- 기독교적 관점이란 무엇이며,
  우리는 그것을 어떻게 개발할 수 있는가?
- 내 인생은 어디로 흘러가는가?
- 나는 대학에서 어떤 종류의 사람이 될 것인가?
- 내가 어울릴 만한 곳은 어디일까?
- 양팔 가득 상자를 든, 선글라스를 낀 저 여학생은 누구지?

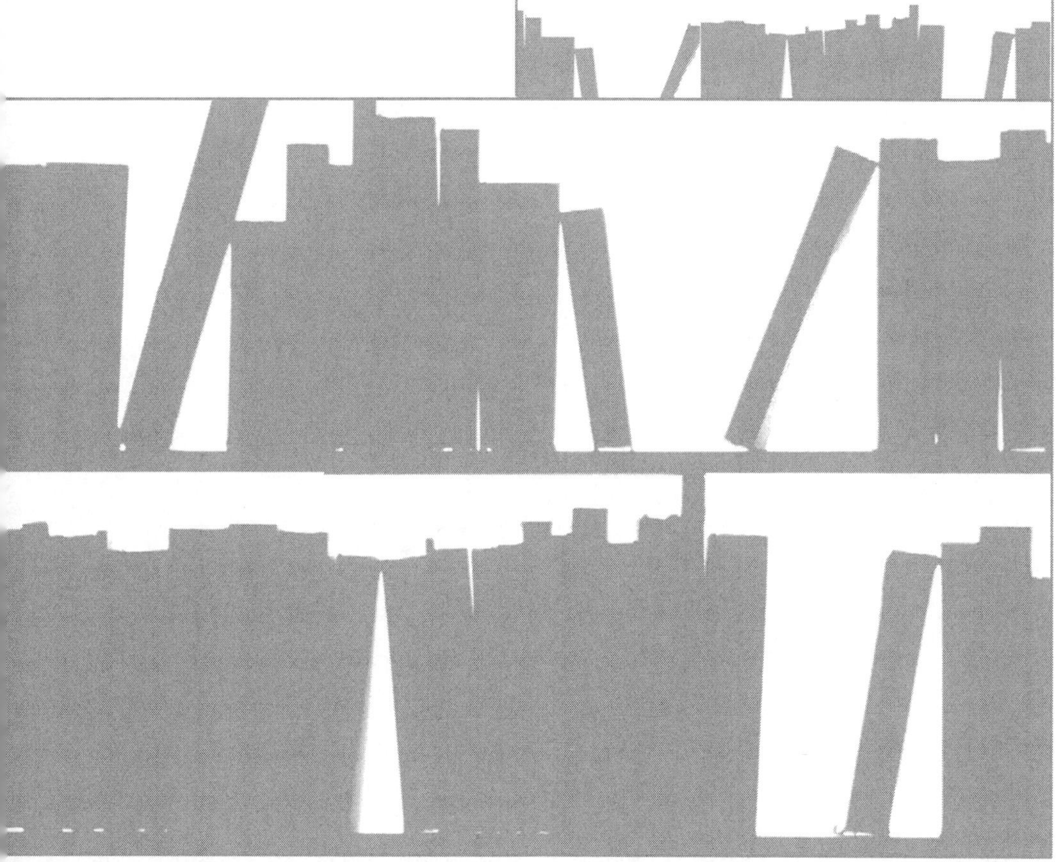

어렸을 적에 나는 "미끄럼틀과 사다리"라는 게임을 즐겨했다. 간단하면서도 소소한 즐거움과 짜릿한 반전이 있어 어린 마음에 좋아했던 것 같다. 게임 방법은 간단하다. 주사위를 던져 말판 맨 밑에서 꼭대기까지 움직이면 된다. 운이 좋으면 플라스틱 말이 사다리 밑으로 이동한다. 그러면 자동으로 한꺼번에 여러 단계를 통과하여 유리해진다. 반대로 주사위를 잘못 굴려 말이 미끄럼틀 위쪽으로 이동하면, 맨 처음으로 다시 돌아가야 할 수도 있다. 어쩌면 인생도 이 게임과 비슷하다.

　인생에는 오르내림이 많다. 그리스도인으로서 나의 삶도 마찬가지였다. 하나님이 정말로 내 안에서 역사하신다고 느꼈던 때가 (몇 주, 몇 달, 혹은 몇 년간) 있긴 했다. 마치 인생이라는 게임에서 여러 차례 행운의 사다리라도 탄 듯한 기분이었다. 그 기간에 나는 급격한 성장과 영적 도약을 경험했다. 그리스도인의 삶은 늘 예측 불가능이지만, 나를 흥분시키는 좋은 의미의 예측 불가능이었다. 그런가 하면 미끄럼틀처럼 후퇴가 반복되는 시기도 있었다. 그놈의 미끄럼틀, 지긋지긋했다. 정체된 것 같고, 아무 수확도 없으며, 스스로 형편없다는 생각이 들 때 몸서리치도록 싫었다. 말을 한 칸씩 앞으로 움직이려고 애써 보지만, 계속해서 뒤로 미끄러지는 느낌이다. 하나님은 멀리 계신 것만 같고 인생은 예측 불가능하다. 이런 시기에 느끼는 불확실성은 나를 흥분시키는 것이 아니라 맥 빠지게 만든다.

　신실함은 올바른 방향으로 앞으로 나아가는 것이다. 하나님이 우리를 앞으로 밀어 주실 때도 있지만, 잘못된 방향으로 가는 것처럼 느껴질 때도 있다. 어찌 보면 무슨 게임을 하거나 롤러코스터를 타고 있는 게 아닌가 싶지만, 그리스도인의 삶은 걷기에 가깝다. 코스케 코야마

8. 미끄럼틀과 사다리

(Kosuke Koyama)는 「시속 3마일 하나님: 성경적 고찰」(*Three Mile an Hour God: Biblical Reflections*)이라는 책을 저술했다.[1] 시속 3마일(시속 5킬로미터 정도―역주)이면 가볍게 걸으면서 기분 좋은 대화를 나누기에 적당한 속도다. 시속 3마일 하나님은 예수님을 가리키는 말이다. 사복음서에서 예수님은 늘 걸어서 이동하시는데, 제자들이나 노정에서 만난 다른 사람들과 대화를 하며 걸으신다. 아직도 예수님은 시속 3마일의 속도를 즐기신다. 그분은 이처럼 아주 인간적인 속도로 우리를 알고 싶어 하시고, 우리 역시 똑같은 속도로 다른 사람들과 최상의 관계를 맺을 수 있다. 우리가 사방팔방 뛰어 돌아다닌다면 풍성한 관계를 기대하기 힘들고, 돌아다니지 않고 한 자리에만 있어도 마찬가지일 것이다. 우리는 서로가 올바른 방향으로 향하도록 지켜봐 주고, 결국에는 거북이가 옳았다는 것을 상기시켜 줄 필요가 있다. 신실함을 유지하는 데는 조금 느려도 꾸준한 것이 최고다.

앞에서 허비를 소개한 바 있다. 바로 앞 장에서는 마이클과 매기를 잠깐 만나 보았다. 이 장에서는 그 두 학생의 이야기를 좀더 들어 볼 수 있는 기회를 마련했다. 우리는 이 학생들을 잘 꾸며서 좋은 모습만 이야기하지는 않을 것이다. 이 학생들이 특출 나서 여기 특별히 소개하는 것도 아니다. 이 세 학생은 대학에서 신실함을 추구하는 평범한 학생에 불과하다. 독자들도 이 학생들처럼 각자의 이야기를 갖게 되기를 바란다.

매기, 본인의 기독교 신앙을 강의실에서 드러내기 위해 어떤 식으로 노력했나요?

강의실에서는 위축되기 쉬워요. 그리스도인이 되기 전에는 이렇게 생각했었죠. "수업 시간에 어떻게 기여해야 할까? 교수님은 박사학위 소지자이고 이 주제에 대해 수십 년 동안 연구하셨을 텐데." 그런데 그리스도인이 되고 나서 생각이 달라지기 시작했어요. 성경이 삶의 모든 분야에 대해 말씀하고 있다는 사실을 서서히 깨닫기 시작했죠. 어떤 철학이나 생활양식이 성경에 반할 때는, 무작정 그것을 받아들이지 않고 그 사실을 직시할 필요가 있었어요. 그저 A학점을 받으려고 애쓰는 게 아니라, 학업 가운데 예수님께 순종하는 법을 배워야 했죠. 어느 날 밤, 침대에 누워 로마서 12:1-2을 읽었어요. 내가 변하고 있다는 사실을 알고 있었기 때문에, "마음을 새롭게" 해야 한다는 말씀에 다시 한 번 격려를 받았죠. 이런 변화는 제 자신뿐 아니라 저희 부모님께도 두려운 변화였어요. 처음에 부모님은 제가 지나치게 열성적인 그리스도인이 될까 봐 염려하셨던 것 같아요. 제가 남들과 똑같이 좋은 직장과 안정된 생활을 위해 열심히 공부만 한다면 부모님이나 저나 더 편했을 거예요. 하지만 그것은 더 이상 제 삶의 중요한 목표가 아니랍니다.

좋은 이야기 감사합니다. 하지만 구체적으로 어떻게 달라졌는지 말씀해 주실 수 있나요?

시간을 내서 제가 배우는 것들을 곰곰이 생각해 보기 시작했어요. 우선, 종교 과목을 예로 들어 볼게요. 다른 종교를 믿는 사람들은 왜 그 종교를 믿으며, 저는 왜 기독교를 믿는지 생각해 봤죠. 이런 생각을 하다 보니 흥미로운 대화가 많이 나왔어요. 또 문학 시간에 에세이 주제를 선택하면서는 신앙과 믿음, 가치관과 관련된 주제들을 살펴보았어요. 의미 있는 주제로 글을 써 보고 싶었거든요. 생물학 시간에 진화 이론을 배울 때는 지적 설계 이론의 가능성에 대해 질문을 던졌어요. 그랬더니 나중에 줄기세포 연구에 대해 토론하는 시간에, 교수님이 기독교 신앙은 이 문제에 어떤 입장이냐고 제게 물으시더군요. 교수님은 제가 무슨 전문가라도 되는 양 정중하게 대해 주셨어요. 잘 모르겠다고 대답하면서 무척 당황했지만, 그 교수님의 질문이 계기가 되었습니다. 그 이후로 저는 현대의 여러 문제를 생각하는 저의 방식에 기독교가 영향을 미쳤다는 증거를 제시하려고 노력하게 되었어요.

♥ 두 번 읽기, 세 번 쓰기

학문적 신실함은 쉬운 길이 아니다. 분명 의미 있는 모험임에는 틀림없지만, 그 길이 평탄한 길이라고는 하지 않았다. 앞에서 언급한 몇 가지 훈련은, 별도로 시간을 낼 필요는 없고 조금 더 노력하기만 하면 충분히 가능하다. 강의 시간에 집중하려면 딴생각을 하지 않고 귀 기울여 잘 들으면 될 일이다. TV 드라마 이야기 대신 옛 이론이나 최신 과학 기술이 미치는 영향으로 대화의 방향을 선회하려면, 추가 연구 시간이 아니라 열정과 실천만 있으면 얼마든지 가능하다. 그러나 이제부터 할 이야기는 조금 다르다. 당신은 일종의 복수 전공을 해야 한다. 학문을 제대로 공부하려면, 당면한 주제는 물론이고 이 주제를 이미 살펴본 기독교 학자들의 연구와 성경도 살펴보아야 한다. 수업 시간에는 기독교적 관점을 소개하거나 기독교 저술을 교재로 사용하지 않을 것이다. 그러니 그 일은 오롯이 학문적 신실함을 진지하게 여기는 소수의 그리스도인 친구들과 당신의 몫이다.

　미국의 복음주의자들은 100년 가까이 반지성적인 성향에 사로잡혀 있었다. 당신과 내가 일부 훌륭하지 못한 기독교적 유산을 물려받은 것도 이상한 일이 아니다. 하지만 좋은 소식도 있다. 여러 학문 분야에서 신중하고 용감하게 기독교적 학문에 관여해 온 그리스도인들도 있기 때문이다. 훌륭한 그리스도인 교수들이 미 전역의 대학에서 가르치고 있는데, 이중 교수직을 소명으로 생각하는 사람들이 점점 더 늘고 있다. 이들은 연구 분야의 해당 사실을 밝힐 뿐 아니라 그 사실에 의미를 불어넣는, 신앙 중심의 틀을 제시한다.[2] 훌륭한 그리스도인 학자들은 저술 활동에도 열심인데, 갈수록 더 많은 그리스도인 학자들의 책이 오늘날 학계에 중요하게 기여하는 것으로 인식되고 있다.

　그리스도인 학생들도 이와 같은 지적인 각성에서 자기 역할을 해야 한다. 그리스도인 학생들은 비그리스도인 친구들보다 더 열심히 공부해야 한다. 그리스도인에게는 학업을 진지하게 생각해야 할 이유가 더 많다고 생각한다. 그리스도인 학생이라면 학업의 주인이신 주님께 영광을 돌려야 한다. 이 같은 '이중 학습'에는 시간과 함께 약간의 돈도 추가로 필요하다. 담대하게 신앙을 학문에 접목하는 이중 학습은 결코 쉽지 않다. 더 중요한 사실은, 이 이중 학습을 통해 당신은 졸업 이후에도 계속해서 신앙의 눈으로 인생과 직업을 바라볼 수 있게 된다는 것이다.

　이중 학습의 한 가지 걸림돌을 언급하고 싶은데, 그것은 바로 어떤 책을 읽어야 할지 결정하는 문제다. 정확히 어떤 책을 읽어야 옳은지는 당신의 배경 신학이나 전공 과목에 따라 다를 것이다. 이 부분에서 그리스도인 멘토가 필요한데, 경험 많은 그리스도인들 중에도 깊이 있고 폭넓은 독서가 부족하여 학생들에게 제대로 된 답을 해줄 사람이 많지 않다. 가까운 기독교 서점을 찾아가 보는 것도 좋은 방법이지만, 안타깝게도 학문과 연관된 책을 비치해 놓은 기독교 서점이 많지 않다. 기독교 서점은 체중 감량, 자산 관리, 결혼 생활, 리더십, 홈스쿨링 등을 다룬 자기 계발서나 베스트셀러 경건 서적 위주다. 학문 영역에서 기독교적 관점을 개발할 수 있도록 도와줄 책에 대한 확실한 가이드가 필요하다. 이 책에서는 전공별로 참고도서 목록을 제공하지는 않겠다. 매주 새로운 책이 쏟아져 나오는 현실도 한 가지 이유일 것이다. 웹사이트 www.academicfaithfulness.com을 방문하면 믿을 만한 참고도서 목록을 구할 수 있다. 우리는 독자들을 위해 계속 이 목록을 업데이트하고 독자들이 관심 있는 주제에 대해 질문할 수 있는 공간을 마련할 것이다. 아울러 우리가 책을 구입하는 서점(할인도 해준다!)도 몇 군데 추천했다.

마이클은 이런 말을 했다. "전공 시간만 빼면 대학 생활이 너무너무 행복할 텐데!" 마이클과 알고 지낸 지 1년쯤 되었을 때부터 우리는 정기적으로 만나 하나님 말씀을 공부했다. 성경공부를 시작한 지 얼마 되지 않았을 때 마이클에게 바흐 이야기를 해준 적이 있다. 바흐는 작곡한 곡마다 악보에 S.D.G.라고 서명했는데, "오직 하나님께 영광"이라는 뜻의 *Soli Deo Gloria*의 약자였다. 바흐는 교회음악과 대중음악을 가리지 않고 자신의 모든 작품으로 하나님께 영광을 돌리려고 애썼다. 나는 마이클에게 질문해 보았다. "너도 리포트와 시험지에 S.D.G.라고 서명하니?" 당황한 마이클에게서(당황하는 게 당연하다. 요즘 세상에 누가 바흐 운운하겠는가?) 이런 대답이 돌아왔다. "교수님도 아시다시피 저는 전공에는 별로 신경 쓰지 않습니다. 알쏭달쏭한 내용을 배우는 것보다 훨씬 더 중요한 일이 많거든요." 그러나 대화를 계속하면서 마이클은 학업을 진지하게 생각해야 한다는 사실을 깨닫기 시작했다. 앞서 언급했듯이, 만물이 하나님께 중요하며 우리는 모든 일을 그분의 영광을 위해 해야 하기 때문이다.

이후 몇 개월 사이 놀라운 일이 벌어졌다. 마이클이 학업을 진지하게 대하기 시작했다. 늘 학생들에게 비슷한 도전을 하지만 실제로 변화를 보이는 학생은 많지 않았기에 난 깜짝 놀랐다. 마이클은 낙태를 둘러싼 양측 대선후보의 상이한 태도를 주제로 정치학 기말 리포트를 작성 중이었는데, 마이클이 지금까지 쓴 리포트 중 최고였다. 마이클도 그 사실을 잘 알기에 기말 리포트를 무척이나 뿌듯해했다. 마이클은 양측 후보의 견해를 잘 요약하고, 그 주제에 관한 본인의 균형 잡힌 통찰과 비판을 제시했다. 그런데 이런 노력에도 불구하고 남의 글을 표절하지 않았냐는 의혹을 샀다! 이전과 달리 마이클의 리포트가 너무 훌륭해서 도무지 그가 직접 쓴 글이라고 믿기지 않았기 때문이다. "아닙니다, 교수님. 이 주제에 정말로 관심이 많아서 최선을 다하고 싶었습니다." 면담 이후 교수님의 의혹은 해결되었고, 마이클과 교수님의 관계에도 진척이 있었다. 또 공공 정책에 관심을 갖게 된 마이클은 워싱턴 D.C.에서 인턴십을 시작했다. 공공 정책에 대한 마이클의 관심과 학업에 대한 진지한 헌신은 오늘날까지도 변함이 없다. "오직 하나님께 영광!"

좋은 리포트를 써 내려면 훈련이 필요하다. 내가 새내기 때 제출했다가 돌려받은 과제에는 빨간 펜으로 고친 표시가 늘 가득했다. 맞춤법도 엉망진창인데다 꼼꼼하게 교정도 못하는 성격이었다. 기본적인 맞춤법과 글의 구조를 익히기 위해 도움이 필요하다는 사실을 깨닫기까지는 시간이 좀 걸렸다. 고등학교 시절에 글쓰기 훈련을 제대로 받지 못한 게 화근이었다. 작문 실력을 갈고 닦기 위한 도움이 필요하다면 지금이 바로 그 도움을 받을 때다. 글쓰기 지도를 받을 수 있는 교내 프로그램이나 선생님을 찾으라. 당신이 말하려는 내용을 분명히 표현할 수 있도록 인내심을 가지고 가르쳐 줄 사람 말이다. 글을 통해 효과적으로 의사소통하는 법을 배워 두면 어느 과목을 수강하든지 큰 도움이 된다. 이런 글쓰기가 몸에 익으면 발표에도 자신감이 붙고 졸업 이후 사회생활에도 유익이 될 것이다. 아직 글쓰기 훈련이 부족하다고 해서 실망하지 마라. 그런 학생들이 부지기수다. 다음 과제부터 시작하여 작문 실력을 갈고 닦으면 된다.

웬만큼 글을 쓰는 학생들 중에는 글쓰기 재능이 특출한 학생들도 있다. 그런 학생들은 삼중 독자를 염두에 둔 글쓰기를 훈련해야 한다. 가장 먼저, 주어진 과제 자체에 집중해야 한다. 당신의 1차 독자 대상은 교수님이나 특정 질문 혹은 주제다. 어떤 주제를 기독교적으로 검토한답시고 주어진 주제를 벗어나 엉뚱한 이야기를 해서는 안 된다. 하지만 주제를 적절히 다루는 글은 아주 기초적인 수준에 불과하다.

당신의 2차 독자 대상은 예수 그리스도시다. 주님이 당신의 글을 보고 "잘하였도다, 착하고 충성된 종아"라고 말씀하실 수 있을 만한 글을 써야 할 것이다. 그렇다고 해서 설교나 신학 논문을 쓰라는 소리가 아니다. 당면한 주제를 깊이 있고 신실하게 검토하는 것과 함께, 그 주제에 대한 당신의 견해와 신앙적인 관점이 글에 드러나야 한다는 뜻이다. 정확히 어떤 내용을 써야 하는지는 전공 과목이나 주제에 따라 조금씩 다르겠지만, 전반적인 구성을 위해 다른 학생들이나 멘토의 도움을 받게 될 공산이 크다. 기독교적 신앙은 이 주제에 대한 당신의 관점에 어떤 영향을 미치는가? 독특한 기독교적 반응이 정당화되는가?

훌륭한 글쓰기는 3차 독자 대상, 즉 대중을 고려해야 한다. 나는 교수로 있으면서 학생들이 써 낸 훌륭한 글을 많이 보았다. 그런 글에는 깊이 있는 사고와 신앙적 고찰이 잘 드러난다. 그런데 그 글을 읽는 사람은 나 혼자뿐이다. 그래서 가끔은 학생들에게 과제물로 제출한 글을 교지나 캠퍼스 잡지, 블로그에 발표해 보라고 권하기도 한다. 동료 교수들 중에는 학생들을 학회에 데려가 논문을 발표시키기도 하는데, 그중 몇몇 학생들의 글은 학술 잡지에 실리기도 했다. 좋은 글을 나누는 것은 학문 세계에서 "이웃을 사랑하는" 방법이기도 하거니와, 공공의 목소리를 내기 원하는 학생들에게는 훌륭한 연습이 될 수 있다.

지금 당장은 이런 이야기들이 너무 부담스럽게 들릴지도 모르겠다. 그렇다면 좀 덜 부담스러운 일부터 시작해 보자. 내가 아는 몇몇 학생들은 지난 학기에 작은 실험을 시작했다. 이 학생들은 격월로 토론회를 열어 한 학생이 작성한 논문을 몇몇 학생 앞에서 발표하기로 했다. 이 자리에는, 발표하는 논문 분야의 전문가인 그리스도인 교수님도 한두 분 초청해서 그 주제에 대한 기독교적 관점을 제시해 주시도록 했다. 지금까지 그 모임에서 발표한 논문은 대부분 훌륭했으며, 발표 이후 이어진 토론도 일반 강의 때의 토론보다 훨씬 더 풍성했다. 이 모든 계획과 발표와 토론은 학생 주도로 이루어졌다. 생각 있는 교수라면, 토론에 조금 개입하기는 해도 대부분은 자리에 앉아 학생들 사이에서 하나님이 놀랍게 일하시는 모습을 지켜볼 것이다. 나도 그 자리에 두 차례 동석할 기회가 있었는데 지난 학기 가장 기억에 남는 일 중 하나였다.

↑ 꿈은 크게, 행동은 작게

대학생들에게 일어나기 쉬운 일이 두 가지 있는데, 둘 다 별로 좋지 않은 일이다. 우리는 주변에서 꿈꾸는 능력을 잃어버린 학생, 진취성이 떨어지는 학생을 흔히 볼 수 있다. 꿈을 크게 가진 학생들만이 대학 생활을 열심히 할 수 있다. '성적과 상장'이라는 꿈은 막다른 골목이란 것을 이미 1장에서 살펴보았다. 많은 학생들이 대학에서 성공하면 직장에서도 성공하고, 직장에서 성공하면 행복한 삶을 살게 될 거라 믿는다. 사람은 누구나 조금씩은 아메리칸 드림을 꿈꾸기 마련이다. 하지만 당신이 좋은 성적을 받지 못하면 어떻게 될까? 가난한 사람들을 돕겠다는 당신의 꿈이 아메리칸 드림을 실현하지 못한다면 어떻게 되겠는가? 그 꿈이 당신이 생각했던 것과는 전혀 다르다는 것을 깨닫기 시작했다면 어떻게 될까?

브리아는 작업치료를 전공하는 졸업반 학생인데, 새로운 꿈, 본인의 학업과 미래에 의미 있는 일을 찾고 있었다. 일주일에 한 번씩 갖는 성경공부 모임에서 브리아는 우리에게 기도를 부탁했다. "원인을 알 수 없는 스트레스에 시달리는데, 기도를 부탁드립니다. 평소보다 이번 학기에 학업이 특별히 과중해서 그런 건 아닌 듯해요. 그런데 도대체 뭘 배우고 있는지 모르겠다는 생각이 듭니다. 성적 잘 받는 것 말고 제가 공부해야 하는 다른 이유를 알 수 있다면 좀더 학업에 매진할 수 있을 텐데 말이죠. 솔직히 말씀드려서 이런 과목들을 왜 배우고 있는지 모르겠습니다. 왜 그게 그렇게 중요한지 모르겠어요." 브리아는 자신이 배우는 내용이 의미가 있기를 바랐다. 학업에는 "성적 잘 받는 것" 이상의 의미가 있다고 생각한 것이다.

브리아 주변에는 브리아를 위해 기도해 주고 브리아의 고민을 함께 고민해 주는 좋은 친구들이 있었다. 비슷한 고민으로 힘들어하고 괴로움을 호소하다가 결국엔 포기해 버리는 학생들은 많이 보았지만, 브리아처럼 그런 고민을 말로 표현하는 학생은 별로 보지 못했다. 무의미라는 질병이 캠퍼스에 전염병처럼 번지고 있다. 잠언 29:18은 꿈이 없는 사람은 망한다는 사실을 상기시켜 주는데, 이는 대학생들도 마찬가지다. 대학에서 공부하는 이유를 알지 못한다면 대학 시절 내내 방황하다가 결국에는 길을 잃고 말 것이다.

나는 커서 뭐가 되고 싶은지 정확히 아는 아이들이 늘 부러웠(고 은근히 경멸했)다. 그중에는 어릴 적 품은 확신에서 절대 흔들리지 않는 사람도 소수 있었다. 나도 그렇게 확실한 장래 희망을 가지고 있다고 생각한 적이 있었다. 일곱 살 때 텔레비전에서 해양학자 자크 쿠스토(Jacques Cousteau)에 대한 특별 프로그램을 보고 나서 해양학자가 되겠다고 결심한 적이 있다. (아직 어린데다 맞춤법이 엉망이기로 유명했던 나는) 아빠께 해양학자라는 단어를 쪽지에 적어 달라고 부탁드렸다. 나는 그해 크리스마스 선물로 받은 지갑 안쪽에 그 쪽지를 고이 간직하고 다니면서 늘 들여다보았다. 일곱 살짜리에게 무슨 지갑이 필요했는지 모르겠다. 앞으로 10년 정도는 운전면허증이나 지폐를 갖고 다닐 일도 없을 텐데 말이다. 하지만 지갑이 필요한 시기가 되면 내 천직이 무엇인지도 알아야 하지 않을까 하는 생각이 들었다.

그때 이후로 내 꿈은 삼림 감시원에서 의사, 검안사, 물리학자, 목사, 비행사, 교수, 낚시 안내원 등으로 계속 바뀌었다. 지금까지 그중 두 개밖에 달성하지 못했지만 나의 장래 희망은 계속 추가되고 있다. 아마

당신도 비슷할 것이다. 미래의 꿈과 그 가능성이 계속해서 바뀌는 가운데 깊이 있고 강력한 무언가를 발견했다. 그것은 바로, 무슨 일을 하기로 결정했든 간에 다른 사람이나 당신 자신을 위해 그 일을 성취하는 것은 불가능하다는 것이다. 개인의 꿈과 야망이 창조 세계를 회복시키고자 하는 하나님의 목적과 연결될 때에야 비로소 궁극적인 만족을 얻을 수 있다. 다른 사람은 몰라도 나의 경우에는 그랬다. 매기도 마찬가지다.

매기, 학문적 신실함에 대한 열정이 대단한데요.
네, 맞습니다. 학문적 신실함은 찾아보기 힘들지만 절실하게 필요합니다. 교사가 되기 위해 준비하면서, 저는 교과과정을 진지하게 밟으면 더 나은 교사가 될 수 있겠다 생각했습니다. 또 좋은 교사가 되면 저 자신은 물론 학생들에게도 유익하리라는 것을 깨달았지요. 하나님은, 좋은 훈련과 지도와 격려가 필요한 학생들을 이끌어 주며 좋은 학교를 만드는 데 헌신하는 좋은 교사를 찾고 계신다고 믿습니다.

그런 헌신은 곧 하나님이 내게 주신 (지성을 포함한) 모든 것으로 그분을 사랑하는 것을 말합니다. 조금 뜬금없는 소리로 들릴 수도 있겠지만, 저는 다른 사람에게 복이 된다는 것이 어떤 의미인지 생각해 보았습니다. 아니, 하늘에서 이루어진 것같이 땅에서도 이루어진다는 주기도문의 한 구절을 생각해 보았습니다. 저는 이 땅에 하늘이 임하는 모습을 간절히 보기 원합니다. 제가 교실에서 하는 일이 이 땅을 회복시키시는 하나님의 사역에 일조하리라 믿습니다.

하나님 나라를 향한 저의 믿음이 교사가 되기 위한 준비 과정과 앞으로 교사로서 하게 될 일에 원동력입니다. 창조 세계를 다스리는 예수님의 통치는 이미 시작되었고, 저도 그분의 다스림에 참여할 것입니다.

이것이 바로 큰 꿈이다. 매기는 본인의 소명과 목적을 하나님의 구속적 사랑을 다룬 성경 이야기와 연결시킬 수 있게 되었다. 여러분 중에는 벌써 빈민 구제, 에이즈 연구, 인종 화해, 아동 복지, 사법 개혁 등의 가치 있는 일에 이미 압도당한 사람들이 있을지 모른다. 이렇게 어마어마한 세상의 필요에 부응하여 공의를 추구하거나 긍휼을 보이고 치유책을 찾는 것은 결코 쉽지 않은 일이다. 이런 일들이 소홀히 여겨지는 이유는 그리스도인 학생들이 이러한 문제들이 개선될 수 있으리라고 전혀 생각하지 못하기 때문이다. 우리는 힘든 일에 발을 들여놓기를 꺼린다. 성공 여부가 불투명하다고 생각하기 때문이다. 성공은 우리 몫이 아니니 그저 신실하기만 하면 된다고 서로를 격려한다면 도움이 될 것이다. 하나님이 그분의 때에 완벽한 성공을 불러오실 것이다.

우리의 가슴을 뜨겁게 하고 감동시키는 꿈들에는 실천이 뒤따라야 한다. 그 꿈을 세상에서 실현해야 한다. 원대한 꿈을 품고 그럴듯하게 말은 하면서도 정작 실천이 없는 학생들이 많다. 그 점은 그리스도인 학생들도 마찬가지다(특히 더 그런 것 같기도 하다). 하나님 나라 신학을 개발하는 것은 중요하지만 그 신학이 의미하는 바를 살아내는 것도 그만큼 중요하다. 그래서 **작은 것부터 행동하는 것**이 중요하다. 원대한 꿈에 비하면 하찮고 별것 아닌 반응인 것 같아도, 우리는 신실함을 나타내는 작은 행동부터 시작해야 한다.

- 부모들이 아이를 버리는 행위를 막지는 못하더라도 그 아이들의 언니 오빠가 되어 줄 수는 있다.
- 교육은 어마어마한 영향력을 미치는 큰 문제다. 그러나 이 문제를 그냥 무시하지 말고 가까운 동네 학교에 다니는 아이들을 두세 명 가르쳐 보는 것은 어떨까.
- 기숙사에서 쓰레기 재활용 캠페인을 벌이면 어떤 변화가 있을까? 효과가 크지는 않을지라도 이런 자그마한 청지기 행위가 하나둘씩 쌓이면 평생 지속되는 신실한 생활방식을 형성할 수 있다.
- 정치학 수업 시간을 통해 시민의 참여정신 부재가 얼마나 위험한지 깨닫게 되었다. 책임 있는 시민 의식을 키우기 위한 첫걸음으로 어떤 일을 할 수 있겠는가? 대부분의 사람들이 아무런 조치도 취하고 있지 않은 현실이 안타까울 뿐이다.

대학생 시절에는 다양한 사역 단체와 지역 사회 봉사 활동, 사회 정의를 표방하는 조직에서 경험을 쌓아야 한다고 생각한다. 다양한 활동을 접하다 보면, 하나님을 신실하게 섬기는 방법이 수없이 많다는 사실을 알 수 있다. 우리는 삶의 한 가지 영역이 아니라 모든 영역에서 신실한 삶을 살라는 부르심을 확인해야 한다. 그렇다고 해서 우리가 모든 사역 단체와 프로그램에 참여할 수 있다는 뜻은 아니다. 오히려 시간이 흐르면서 각자에게 맞는 활동을 발견하고, 그 분야에서 리더십을 발휘하여 또 다른 사람들을 동원하게 될 것이다. 그러므로 다양한 활동에 참여하면서도 전적으로 당신의 에너지를 쏟아부을 수 있는 몇 가지 이슈들을 발견할 것이다. 이것이 바로 그리스도의 몸이 일하는 방식이다. 바울은 고린도전서 12장에서 이렇게 말한다.

> 은사는 여러 가지나 성령은 같고, 직분은 여러 가지나 주는 같으며…몸은 하나인데 많은 지체가 있고 몸의 지체가 많으나 한몸임과 같이 그리스도도 그러하니라(4, 5, 12절).

모든 사람이 눈이나 코, 팔이 될 수는 없는 노릇이다. 지체마다 나름의 방법으로 각기 다른 역할을 감당한다. 그러나 예수 그리스도를 머리로 모든 지체가 한몸을 이룬다. 지금 나는 손이 되어 당신을 신실한 참여로 이끌기 위한 손짓을 보내고 있다. 어쩌면 당신을 옳은 방향으로 인도하기 위해 뒤에서 밀고 있는지도 모른다.

어마어마한 영향력을 미치는 '작은 행동'의 또 다른 예를 들어 보자. 신실한 삶과 학업이라는 신나는 모험에 발을 들여놓은 그리스도인 학생은 누구나 친구를 데려와야 한다. 우리가 이 비전을 다른 학생과 나눌 때, 날마다 이 (학문적) 신실함을 체험하도록 다른 사람을 격려할 때, 우리는 예수님이 몸소 보여 주신 본을 따르게 될 것이다.

➜ 열심히 일하고, 열심히 놀라

똑같은 이야기를 너무 반복하는 것 같기는 하지만, 학문적 신실함은 정말로 힘든 일이다. 그게 얼마나 허무맹랑한 목표인지 지금쯤이면 파악이 되었을 것이다. 하지만 너무 큰 도전이라서 쉽게 포기하는 일은 없기 바란다. 마이클은 포기하지 않았다. 오히려 학문적 신실함이라는 꾸준한 도전을 즐겼다.

마이클, 이제 졸업반입니다. 학문과 신실함이라는 두 단어를 조화시키는 것이 당신에게 어떤 의미인지 말씀해 주세요

예수님은 우리에게 마음을 다하고 목숨을 다하고 힘을 다하며 뜻을 다하여 하나님을 사랑하라고 말씀하십니다. 저도 마음을 다하여 사랑하려고 애쓰고 있습니다. 모든 과제와 학업에 "하나님께 영광"이라고 서명하는 것이죠. [마이클은 도대체 어디서 이런 희한한 소리를 들었을까?] 그 말인즉, 하나님의 시각으로 이 세상을 바라보고 이해하려고 애쓴다는 뜻입니다. 제가 받은 은사로 하나님께 영광을 돌리고 싶습니다. 학교는 물론, 학교 밖 세상에서도 그 은사들을 활용하고 싶어요.

학문적 신실함은 힘든 일인가요?

네, 쉽지 않은 일입니다. 학문적 신실함은 단순히 대학에 다니면서 교회 생활 열심히 하는 것을 의미하지 않습니다. 제 전공 과목과 신앙, 이 두 가지를 모두 잘 이해해야 하기 때문에 힘듭니다. 두 가지 다 아는 게 별로 없다고 느낄 때가 많죠. 교과서와 기독교 서적을 똑같이 늘 탐독해야 합니다. 교과서를 보면서 질문을 던집니다. "내가 가진 신앙이 지금 읽고 있는 내용에 어떤 의미가 있는가?"라고 말이죠.

축하할 일이 있죠? 마이클이 쓴 논문이 최근 상을 받았는데요. 비결이 뭔지 이야기 좀 해주세요.

글쎄요. 우선 제가 고집이 좀 있어서 잘 포기하지 않습니다. 처음에는 좋은 책을 읽으면서 질문거리를 많이 만들었어요. 열심히 공부하고 어려운 질문을 던질 각오가 되어 있어야 합니다. 연구에 시간을 투자하고 피드백을 요청했습니다. 여러 친구들과 관심 있는 교수님들이 도와주셨지요.

지금까지 공부해 오면서 가장 의외였던 것은 무엇인가요?

공부가 힘들 거라는 것은 이미 알고 있었어요. 그런데 실제로는 즐거움이 컸습니다. 교수님을 만나기 전에는 어떻게 하면 과제를 쉽게 할까 요령만 피웠습니다. 부정행위를 하지는 않았습니다만 대부분 다른 자료를 짜깁기하는 경우가 많았죠. 이제는 신실한 학문 추구가 무엇인지 고민합니다. 깊이 생각하고 의미 있는 말을 하려고 노력합니다. 얼마나 만족스러운 일인지 모릅니다. 과제를 하나씩 완성할 때마다 작은 변화를 일구어 냈다는 자부심이 듭니다. 하나님이 어떤 식으로든 이 일을 사용하시리라 믿습니다. 최소한 그 일을 통해 내가 하나님이 원하시는 사람으로 변해 가는 것을 느낍니다. 학업에 충실한 것은 앞으로 하나님께 쓰임받기 위한 아주 중요한 준비 과정이라고 생각합니다.

하나님께 영광 돌리기 위해 열심히 공부하면, 하나님이 그것을 기뻐하신다는 사실도 발견하게 될 것이다. 하나님은 당신의 결단력 있는 순종뿐 아니라 기쁨과 놀라움, 호기심과 긍휼도 원하신다. 대학 생활을 통해 기쁨과 놀라움, 호기심과 긍휼을 더 많이 품을 수 있다면, 사회생활에서도 청신호가 될 것이다. 첫째로, 사람들이 가장 바라는 것이 그것이기 때문이다. 학문적 신실함은 지루하고 무기력하며 감동이 없는 대학 생활에 대한 확실한 치료책이다. 친구들과 함께 성경이 말하는 하나님 나라의 비전을 탐색하지 않았더라면, 대학 시절에 누린 즐거움의 절반은 날아가 버렸을 것이다. 둘째, 여러분이 이런 특징을 보이기 시작하면 다른 사람들도 동참하기 원할 것이다. 그러면 친구들과 토론 모임을 조직하고, 책 나눔을 하고, 학회에도 함께 참석할 수 있다. 이렇게 우정이 쌓이면 모든 사람이 원하는 훌륭한 공동체를 이루게 될 것이다. 셋째, 이 모든 일로 하나님이 영광을 받으신다. 또 하나님이 틀림없이 기뻐하실 것이다.

대학에서 신실함을 추구하는 일은 어렵지만 해볼 만한 일이다. 그 덕택에 마이클은 대학 생활이라는 모험을 즐길 수 있었고, 대학원에 진학해서 이 고달프고도 흥미진진한 모험을 계속해 가고 있다. 마이클은, 신앙을 녹여 낸 과제라면 실제로 그 문구를 쓰건 쓰지 않건 S.D.G.라는 표시가 되어 있음을 깨달았다. 그가 과제를 제출할 때 할렐루야 합창이 터져 나오지는 않겠지만, 하나님이 그의 귀에 "잘했다"고 속삭이시는 모습을 상상해 볼 수 있다. 훌륭한 학문적 업적에는 예배의 특징이 나타난다. 그 속에서 하나님이 영광을 받으신다. 하나님이 모든 선한 것의 근원이시요, 지금도 만물을 붙들고 계시며, 언젠가 만사를 바로잡으실 분이라는 사실이 드러나기 때문이다.

■ 토론문제

❶ 인내심 훈련이 중요한 까닭은 무엇인가? 인내하지 못하고 쉽게 포기한다면 어떤 점에서 위험하겠는가?

❷ 이 장에서는 리포트를 쓸 때 세 종류의 독자를 염두에 두라고 이야기한다. 당신이 글을 쓸 때 염두에 두는 독자는 누구인가?

❸ S.D.G.라는 서명이 부끄럽지 않을 정도로 어떤 일에 믿음을 걸고 열심을 다한 적이 있었는가?

❹ 당신의 원대한 꿈은 무엇인가? 그 꿈을 현실로 이루기 위해 당신이 할 수 있는 작은 행동은 무엇이겠는가?

❺ 하나님이 우리가 하는 공부와 연구만큼이나 놀이와 쉼에 관심이 있으시다고 믿는가?

추천도서

- 「기독교적 학문 연구@현대 학문 세계」(조지 마스덴, IVP, 절판)
- Richard Mouw, *When the Kings Come Marching In: Isaish and the New Jerusalem*, rev. ed. (Grand Rapids: Eerdmans, 2002)

맺음말

　대학은 희한한 곳이다. 학생들이 중요한 결정을 앞두고 도움을 간절히 필요로 할 때, 대학은 학생들을 지원해 줄 수 있는 사회적 네트워크(가족, 교회, 친구들)를 그들에게서 떼어놓는다. 참 이상하지 않은가. 운이 좋은 사람들은 대학에 들어가서 좋은 친구들을 사귀고, 자신을 인도하고 지원해 줄 신뢰할 만한 멘토를 만났다. 하지만 여전히 많은 친구들은 홀로 고군분투하고 있다.

　대학 '거품'이라는 말도 이상하기는 마찬가지다. 대학 캠퍼스는 확실한 유토피아다. 배가 고프면 캠퍼스에 있는 아무 식당이나 가서 학생 카드를 긁고 실컷 먹으면 된다. 어느 대학엘 가나 학생들은 음식이 형편없다고 불평하지만, 여러 캠퍼스에서 음식을 먹어 본 내 경험에 비추어 보면 우리 어머니가 해주신 음식보다 나은 곳도 꽤 있었다. 음식뿐만이 아니다. 학생들은 최신식 운동 기구를 사용할 수 있다. 일단 대학을 졸업하면 이 정도 시설을 이용하는 데 엄청난 돈이 깨진다는 사실을 학생들은 잘 모른다. 밤을 새건 하루 종일 잠만 자건 완전히 자기 마음대로 할 수 있다. 캠퍼스에는 대학생만을 위한 각종 이벤트와 행사가 넘쳐난다. 고학하는 학생들도 있지만, 또 많은 학생들은 좋은 직장을 잡는다. 그러나 거품은 곧 걷히고 이 모든 혜택은 사라질 것이다. 학자금 대출 상환금 이외에, 거품이 꺼진 세상으로 나아가는 졸업생들의 손에는 과연 무엇이 들려 있는가?

내가 대학이 이상한 곳이라고 생각하는 중요한 이유는, 대학이 우리가 갖추어야 할 모습을 갖추도록 돕는 데에는 전혀 관심이 없기 때문이다. 대학 4년 동안 진행되는 과정은 대부분 얄팍하고 불필요할 뿐 아니라 심지어 해가 되기까지 한다. 나는 이것이 탐 울프가 「나는 샬럿 시몬스: 소설」에서 하고자 했던 이야기라고 생각한다. 오해가 없기 바란다. 나도 대학 생활과 우리 인생에 웃음과 즐거움이 넘쳐야 한다고 믿는다. 하지만 4년이라는 시간과 대학 등록금을 더 나은 목적을 위해 사용할 수 있지 않을까?

나의 모교가 동전 한 푼과 단 1분까지 되돌려주겠다 하더라도 나는 내 대학 시절을 맞바꾸지 않을 것이다. 대학은 엄청난 기회다. 나는 그곳에서 내 인생을 변화시킨 사람들을 만났고, 내 인생을 변화시킨 활동들에 참여했으며, 내가 진심으로 고맙게 여기는 관점과 능력과 관계들을 개발했다. 하나님이 나를 좋은 교회로 인도하셔서 그리스도인 친구들과 멘토, 훌륭한 교수진을 만나게 해주셨다. 당신도 그런 경험을 할 수 있다. 대단한 교육 개혁 덕택에 그런 경험이 가능한 것은 아니다. 당신이 다니게 될 대학은 당신이 가장 필요로 하는 것을 제공해 주지 못할 것이다. 당신이 어떤 결정을 하느냐에 따라, 학업에 어떻게 투자하느냐에 따라, 유익한 체험과 깊이 있는 배움이 뒤따를 것이다.

대학이라는 모험에 뛰어드는 당신이 여호수아와 갈렙의 본보기를 따르기를 바란다. 그들의 이야기가 민수기 13장에 일부 기록되어 있다. 출애굽한 이스라엘은 그 무렵 약속의 땅 국경 지대에 머물고 있었다. 이스라엘 열두 지파에서 대표가 선출되어 그 땅을 정탐하러 갔다. 정탐꾼들은 그 땅이 비옥하고 소출이 많다는 사실을 발견했다. 정탐꾼들이 그곳을 "젖과 꿀이 흐르는 땅"이라고 묘사할 정도였다. 그들은 이스라엘 백성에게 보여 줄 소출을 들고 돌아왔다. 그러나 그것이 전부는 아니었다. 그 땅에는 용맹한 백성과 견고한 성읍들이 이미 자리 잡고 있었다. 정탐꾼 열 사람은 이스라엘 백성에게 부정적인 보고를 했다. "가망이 없습니다. 분명 그곳 사람들에게 멸망당할 거예요! 그 사람들 힘이 어찌나 세던지(거기서 네피림도 보았답니다!) 우리는 그들에 비하면 메뚜기 같다니까요." 여호수아와 갈렙은 그런 반대 의견보다 하나님의 약속을 더 의지했다. 그들은 이렇게 말했다. "올라가서 그 땅을 점령합시다. 우리는 반드시 그 땅을 점령할 수 있습니다."

약속의 땅만 하나님께 속한 것이 아니다. 온 세상이 하나님의 것인데, 거기에는 대학도 포함된다. 당신은 선교지로 보냄받았다. 훌륭한 정탐꾼처럼 그곳을 둘러보고 무슨 일이 벌어지고 있는지 살펴보라. 그 땅에 사는 지적 거인들과 요새도 여럿 눈에 띌 것이다. 당신도 메뚜기 같다는 느낌을 받을 수 있겠지만 두려워할 필요는 없다. 오래전 여호수아와 갈렙이 그랬듯이 하나님의 약속과 공급을 기억하라. 하나님의 신실하심을 늘 좋게 보고하라. 여호수아와 갈렙은 겉으로 보이는 것과 달리 하나님이 약속을 지키실 것을 믿었다. 하나님이 오늘날의 고등 교육을 구속하시겠다고 구체적으로 약속하시지는 않았지만, 그분이 온 창조 세계의 회복을 염두에 두셨음은 분명하다. 또 하나님은 당신이 어디로 가든지 당신과 함께하시겠다고 분명히 약속하셨다.

어렸을 적 학교 가는 길에 건너다니던 울프 계곡 위에는 작은 다리가 하나 있었다. 동네 건달들 짓인지 다리 귀신이 한 짓인지 알 수는 없지만, 어느 날 다리에 낙서가 되어 있었다. 다리 한 칸마다 한 단어씩 이런 글이 쓰여 있었다. "이 다 리 는 우 리 거!" 하나님께 속한 창조 세계의 일부분에 대해 소유권을 주장하는 것은 위험천만한 일이다. 하나님이 만드신 모든 세계가 그리스도 안에서 그분께 속했다고 인정하는 편이 훨씬 더 신중한 처사다. 모든 것은 하나님께 속했고, 만물은 새로워지고 있다.

마지막으로 한 가지 이야기가 더 남았다. 대학 새내기 시절 살던 기숙사 언덕 밑에는 호수와 큰 돌이 하나 있었다. 기숙생들과 다른 학생 조직은 돌아가면서 그 돌에 낙서를 해서 그에 대한 소유권을 주장했다. 당시 학생들이 덧칠한 페인트가 못해도 2센티미터 정도 두께는 되었을 것이다. 돌의 소유권을 주장하는 일은 꽤 재미있었다. 그래서 어느 날 밤, 우리도 어둠을 틈타 낙서를 하러 갔다. 하지만 우리 일당은 입학한 지 얼마 되지 않아 소속이 없었고, 고작 생각해 낸 것이 "돌"이라는 이름뿐이었다. 우리는 만방에 알릴 충성 대상이 아직 없었던 것이다. 돌에 낙서를 하는 것은 유치한 장난이다. 하지만 이 책에서 우리가 이야기한 게임은 훨씬 더 진지하다. 그것은 바로 학업에 낙서를 하되, S.D.G.라는 글씨를 남기라는 것이다.

추천도서

- 「삶을 낭비하지 말라」(존 파이퍼, 성서유니온선교회)
- 「소명」(오스 기니스, IVP)
- Quentin J. Schultz, *Here I Am: Now What on Earth Should I Be Doing?* (Grand Rapids: Baker, 2005)

학생 설문조사

쥬빌리 컨퍼런스(www.jubileeconference.com)는 대학생들이 모여 하나님 나라 복음의 의미를 모색하는 연례행사다. 학생들은 이 자리에서 그리스도 가운데 나타난 하나님의 사랑을 온전히 누릴 뿐 아니라, 각자 삶의 전 영역에서 사랑을 표현하는 꿈을 품도록 도전을 받는다. 작년에 우리는 그중 200명의 학생들과 학문적 신실함에 대해 이야기할 기회가 있었다. 우리는 학생들의 뛰어난 이해력과, 학문적 신실함을 소홀히 했던 것을 솔직하게 고백하는 모습, 그리고 그 모험을 시작하고자 하는 강력한 열망에 크게 놀랐다. 우리는 다음 두 질문에 대한 학생들의 답변을 아래에 정리해 보았다. 각자의 상황에 맞게 이 목록을 편집하여 활용해도 좋겠다.

학문적 신실함에 방해가 되는 가장 큰 요소는 무엇인가?
1. 시간 관리 능력의 부재.

2. 너무 바쁘다. 페이스북 같은 인터넷 커뮤니티는 중독성이 아주 강하다.

3. 수업에 별로 신경을 쓰지 않는다.

4. 그리스도인이라는 이유로 괴롭힘 당할 것이 두렵다.

5. 나 자신의 반지성주의.

6. 신앙의 구획화.

7. 이력서의 압박. 나에게 맞는 직업을 구해야 한다는 압박감이 너무 심하다.

8. 학문적 신실함을 실천하는 본보기가 부족하다.

9. 게으름. 미루는 게 일이다.

10. 중요성을 공감하지 못하겠다.

11. 학교에서 다른 할 일이 너무 많다.

12. 교수 혹은 과목이 맘에 들지 않는다.

13. 친구들 때문에 힘들다. 친구들도 상관 안 하니 나도 상관 안 한다.

14. 죄 때문이다. 그래서 별로 신경 쓰지 않는다. 뭘 해야 할지도 잘 모르겠다.

15. 성적. 학문적 신실함보다는 성적이 더 중요하다.

16. 흔해 빠진 부정행위. 시험 감독관을 속이기는 식은 죽 먹기다.

17. 내가 맞서야 할 도전이 두렵다.

학문적 신실함을 위해서는 어떤 준비가 필요할까?

1. 기독교적 관점을 제시하는 책들을 많이 읽어야 한다.

2. 교수님들과 면담을 한다.

3. 근본적인 질문을 던지는 법을 배워야 한다.
4. 도움이 필요할 때 도움을 요청하라.
5. 수업에 들어가서 집중해서 들어라!
6. 학업을 위해 정기적으로 기도한다.
7. 내가 꾸준히 이 일을 할 수 있도록 지켜봐 줄 친구가 필요하다.
8. 이중 학습을 포함하여 일정을 잘 잡아야 한다.
9. 내 전공 분야의 멘토가 필요하다.
10. 달라지려는 의지가 있어야 한다.
11. 학업을 좋아하기로 결단해야 한다.
12. 내 신앙과 학문이 어떤 상관이 있는지 좀더 분명히 볼 줄 알아야 한다.
13. 골로새서 3:17 같은 성경 구절을 방에 붙여 놓는다.
14. 수업이 끝나고 과 친구들과 토론을 한다.
15. 최소한 해야 할 공부만 하는 것이 아니라 적극적으로 열심을 내야 한다.
16. 해야 할 과제와 교수님을 원망하지 않는다.
17. 겸손. 다 아는 것처럼 행동하지 말라.

좋은 출발점이다. 자, 이제 당신의 목적지는 어디인가?

한국어판 부록에는, 독자들과 같이 이 땅에서 대학을 다니며 공부하고 졸업한 평범한 선배들의 이야기가 담겨 있다. 전공 학문과 신앙의 통합을 넘어 한국의 상황과 문화 속에서 그리스도인으로서 신실하게 공부를 한다는 것은 무엇인지, 그들이 먼저 느끼고 깨달은 바들을 진솔하게 나누었다. ─편집자

부록1

후배에게 보내는 한 C급 선배의 편지
―이주일

혼돈과 불확실성의 시대 속에서도 그리스도를 아는 지식이
가장 고상함을 깨닫기 시작한 사회학 전공 대학원생.

첫 번째 편지

    사랑하는 후배 김군에게.
힘겨운 수험 생활을 마무리하고 대학에 입학하게 된 것을 진심으로 축하합니다. 입시에 실패하면 인생의 낙오자가 될 것 같은 압박감과 부모님의 기대 속에서 제대로 숨 한 번 돌릴 틈 없이 달려온 지난 시간들을 나도 조금은 알고 있습니다. 그 시간들을 끝까지 잘 참아 내었기에 이렇게 새내기로서의 삶을 시작하게 된 것이겠지요?
    사랑하는 김군! 김군이 합격자 발표를 확인하고 곧장 전화를 걸어 기쁜 소식을 전해왔을 때, 내가 대학생이 되면 가장 먼저 하고 싶은 것이 무엇이냐고 물었었죠. 그러자 김군은 진지하게 그 동안 잠시 놓쳤던 신앙 생활을 회복하고 싶다고 말했어요. 김군이 다시 예전처럼 하나님과 뜨거운 관계로 돌아가고 싶어한다는 사실이 내게 큰 위로와 기쁨이

되었습니다. 벅찬 마음으로 김군을 위해 기도하면서, 김군에게 도움이 될 만한 이야기들을 들려주고 싶었습니다. 이 선배의 수준이 변변치 않아 큰 도움이 될지는 모르겠지만, 바라기는 꼭 새겨듣고 대학 생활의 지침으로 삼아 주기 바랍니다.

내가 대학생이 되었을 때 가장 어려웠던 점은 가치관(사상)의 문제였습니다. 김군처럼 모태신앙으로 자란 나는 사춘기를 거치며 부모님과 사소한 이견 차이로 갈등이 없었던 건 아니지만 부모님의 말씀이 대체로 옳다고 생각했지요. 또 교회에서는 목사님의 설교 말씀에 크게 다른 생각을 품어본 적이 없었습니다. 중고등학교 시절에는 대학이라는 분명한 목표 아래 다들 복잡한 고민은 뒤로 미루는 분위기였기 때문에, 인생이 무엇이고 진리가 무엇인지 깊이 고민하며 진리 안에서 스스로의 지적 체계를 정립하는 일을 하지 못했습니다. 다들 그렇게 살고 있는 듯 보였기 때문에 그것이 그리 문제가 된다고 느끼지 못했던 것이지요.

그런데 대학 생활이 시작되자, 그 동안 내가 얼마나 단순하게 기독교 신앙을 생각해 왔는지 깨닫게 되었습니다. 학과 엠티나 개강 파티에서 술이 떡이 되도록 마시고 연신 담배를 피워 대는 사람들 속에 있는 것 정도는 참을 만했습니다. 대학생 중에는 남녀가 결혼 전에 자유롭게 동거를 하는 사람들도 꽤 있었고, 동성애를 자연스럽고 정상적인 성적 취향이라고 주장하는 사람들도 있었습니다. 혼전 순결이나 이성애주의는 남성과 이성애자 중심의 지배 구도를 유지시키기 위해 만들어 낸 이데올로기에 불과하다고 그들은 말했습니다. 기독교와 성경이 말하는 절대 규범과 윤리를 '당연하게' 생각해 왔던 나에게는 이런 생각들이 큰 충격으로 다가왔습니다.

더욱 어려운 상황은 강의실에서 일어났습니다. 인문학 교양 과목 중에는 성서를 공부하는 독특한 과목이 있었는데, 구약성경(히브리 정경)을 텍스트 삼아 공부를 한다고 했습니다. 재미있을 것도 같고 신앙 생활에도 도움이 될 것 같아 신청을 했는데, 막상 수업을 들어 보니 교수님은 '창세기는 고대근동 지역에 살던 히브리인들의 민족 신화로 그들의 문화와 관념이 반영된 상징적 진술이지 역사적 사실이 아니다'라며, 현대의 과학적이고 비평적 연구로 인해 성경이 객관적 사실과는 상관없는 '신앙고백적' 문서에 불과하다는 것이 이미 입증되었다고 말씀하셨습니다. 이때 내 머릿속이 얼마나 복잡해졌는지 모릅니다.

혼란과 고민을 안고 듣게 된 어느 철학 수업에서, 교수님은 진리를 알기 위해서는 이성을 사용하여 철저히 의심하고 비판해야 한다고 말씀하셨습니다. 또한 종교인들이 빠지기 쉬운 함정은 종교적 도그마를 아무런 의심 없이 절대적 진리로 받아들이는 '교조주의'라며, 모든 것은 합리주의적 사유 앞에서 비판의 시험을 거쳐야만 한다고 가르치셨습니다. 합리주의적 이성의 시험을 거친 결론은 다음과 같았습니다. 칸트는 신이나 도덕은 입증될 수 없으며 다만 실천적으로 요청될 뿐이라고 말했습니다. 마르크스와 엥겔스는 기독교가 인간이 자본주의 체제 속에서 발생하는 억압에 대응해 고안해 낸 신념 체계로서 허위의식을 민중에게 불어넣어 줄 뿐이며, 자본가의 착취가 사라지면 없어질 것이라고 주장했습니다. 과학자 찰스 다윈은 '신의 섭리'라는 기독교적 개념은 비과학적 설명방식이며 신의 개입을 배제한 채 '우연과 자연법칙'으로 자연 현상은 완전히 설명될 수 있다고 말했습니다.

이처럼 다양한 사상들에 직면하면서 나는 대학의 학문과 대학 생활을 지배하고 있는 사상이 교회에서 배운 사상과는 전혀 다름을 분명히 알게 되었습니다. 문제는 그 동안 내가 당연하게 믿어 왔던 얄팍한 지적 체계가 대학에서 이처럼 공격을 받을 때 아무런 대답을 주지 못했다는 것입니다. 나는 점점 이 세상에는 어느 것도 확실한 것이 없고, 저마다 옳게 보이는 대로 믿고 살아가는 것은 아닌지, 또 기독교 신앙도 그런 것은 아닌지 고민하게 되었습니다.

1학년 초에 가입한 모 선교단체는 이와 같은 고민에 아무런 답을 주지 못했습니다. 매일 아침 QT 모임에 참석하고 성경구절을 외우며 노방전도를 했지만, 동료들과 끈끈한 정을 느끼며 종교적 활동에 충실하고 있다는 정도의 만족 이상은 아니었습니다. 나의 지적 고민들에 대해 이야기하자, 그들은 지나치게 신경 쓸 것 없다며 그런 수업을 가능하면 듣지 말라고 권할 뿐이었습니다. 학과 엠티는 참석하지 말라고 했고, 학교 축제 때는 선교단체 엠티를 떠났습니다. 비기독교인들과의 우정 어린 접촉이 사라지면서 머리를 혼란스럽게 하는 지적 도전은 덜 받게 되었지만, 과연 이렇게 그리스도인들끼리 고립되어 생활하는 것이 맞는지 여전히 의문이 들었습니다. 얼마 지나지 않아 결국 그 선교단체를 탈퇴하고 친구의 권유로 또 다른 선교단체에 들어갔습니다. 나는 그곳에서 그리스도인은 일반 사회생활이나 지적 세계로부터 분리되어 살아서는 안 된다는 이야기를 듣고 깊은 인상을 받았습니다. 또한, 성경공부와 함께 독서가 매우 중요하다고 가르쳤는데, 신앙과 지성은 분리되지 않는다는 것이었습니다. 이곳에서 나는 답을 얻을 수 있겠다는 희망을 발견했지만, 안타깝게도 충분한 답을 듣기는 어려웠습니다.

신앙에 대한 복잡한 지적 고민들이 무시할 수 없는 단계에 이르렀을 때, 나는 라브리 공동체라는 곳을 알게 되었습니다. 지금은 양양으로 이사를 했지만 당시에는 서울 후암동에 있던 라브리 공동체를 혼자 찾아갔고, 그 공동체를 운영하시는 성인경 목사님에게 몇 달간 프란시스 쉐퍼라는 20세기 복음주의의 위대한 사상가를 소개받게 되었습니다. 매일 쉐퍼의 저작을 함께 읽었고 점심식사 때는 둘러앉아 진리에 대한 고민들을 정직하고 자유롭게 나누었습니다. 뿐만 아니라 정기적으로 열리는 강좌와 토론회, 세미나를 통해 많은 것을 배울 수 있었습니다. 내가 단순한 물질덩어리가 아닌 따뜻한 인격을 가진 인간임을 느끼게 해주었던 목사님과 간사님들의 사랑어린 대우에 내 마음은 깊이 열렸습니다.

무엇보다도 독서와 대화와 토론 가운데 이 같은 지적 갈등이 발생하는 지점이 어디인지를 명확히 알게 되었습니다. 이 세상의 모든 사상들은 서로 다른 '세계관'에서 출발한 것이며, 각론에 대해 논쟁하기에 앞서 그 전제가 되는 '세계관'을 검증하는 것이 중요하다는 사실을 알게 되었습니다. 나는 그곳에서 정직한 지적 씨름을 통해 수많은 세계관 중에 '기독교 세계관'이야말로 우주와 인간을 가장 일관되고 현실적으로 다룬다는 점을 깨달았습니다. 우주와 인간의 기원, 악의 문제와 그로부터의 구원, 인간성과 존엄성, 자유와 도덕, 의미의 문제 등 다른 세계관이 실재와 부합하게 설명해 주지 못하는 이러한 문제들을 기독교 세계관이 유일하게 모순 없이 설명해 주었습니다. 신앙이란 이성으로는 도무지 설명할 수 없는 별개의 영역이라고 생각해 왔던 나의 '지적 분열'이 정직한 사투 끝에 해결되자 내 안에는 깊은 평화와 확신이 찾아왔습니다.

캠퍼스로 돌아왔을 때 정말 많은 것들이 바뀌었습니다. 단순히 수업이나 친구들과의 대화 속에서 내 신앙이 흔들리지 않는 정도가 아니라, 복음과 진리에 대해 그들과 정직하게 토론하며 변증할 수 있게 된 것입니다. 수업 시간에 발표를 할 때나 수업 외의 대화 속에서 사람들이 내 말을 진지하게 경청해 주는 것을 확인할 수 있었습니다. 나의 변화와 작은 실천들이 이 세상을 발칵 뒤집어 놓을 만큼은 아니었지만, 나는 더 이상 신앙 생활과 대학 생활을 분리시킬 필요가 없었고 사람들과 진정한 의미에서 '의사소통'을 할 수 있게 되었습니다.

사랑하는 김군! 선배로서 사자들이 우글거리는 치열한 사상의 전쟁터 속에 김군이 들어갈 것을 생각하니 걱정이 되는 것은 사실입니다. 신앙 생활의 핵심은 왕성한 종교 활동에 있는 것이 아니라 우리의 내면에 진리가 분명하게 확립되는 것에 있습니다. 신앙 생활의 회복은 특정한 단체나 교회 안에서의 생활과만 관계된 것이 아닙니다. 물론 선교단체나 교회 생활은 정말 중요합니다! 신앙공동체 생활에 시간을 배정하여 배우고 익히십시오. 하지만 그런 생활들이 전공이나 캠퍼스 생활과는 무관하다 생각하여 학업을 게을리하지는 마십시오. 캠퍼스 기간 동안 대학생의 본업인 전공공부와 캠퍼스 생활에서 치열하게 지적 전쟁을 치른다면, 졸업 이후 직장 생활을 하건 학자가 되건 참된 의미에서 그리스도인으로 살아가기 위한 기반을 얻게 될 것입니다.

마지막으로 진리를 탐구하는 나의 영적 여정에서 도움을 준 좋은 스승이자 선배들을 간단히 언급하고 싶습니다. 앞서 말한 프란시스 쉐퍼는 '기독교 세계관'적 사고를 근본적으로 정리하는 데 큰 도움을 줄 것입니다. 그의 제자인 오스 기니스나 낸시 피어시의 책도 가급적 읽기를 권합니다. 요즘도 계속 번역되고 있는 로이드 존스의 작품도 가능한 다 읽기 바랍니다. 좀 어려울 수 있지만 데이비드 웰스라는 탁월한 신학자의 책은 나중에라도 꼭 읽어 보았으면 합니다. 존 스토트나 제임스 패커, C. S. 루이스의 작품도 상당히 읽을 만합니다. 신앙의 기본적인 질문들이 정리되어 좀더 깊은 차원으로 들어가고자 한다면 조나단 에드워즈나 존 오웬 등 청교도 작품을 반드시 읽어 보십시오. 개신교 신학의 뿌리인 마르틴 루터나 존 칼빈, 화란 개혁주의자들인 아브라함 카이퍼, 헤르만 바빙크, 밥 하웃즈바르트, 현대 개혁주의 철학자로 상당한 영향력을 발휘하고 있는 니콜라스 월터스토프, 앨빈 플란팅가에 도전해 보는 것도 좋으리라 생각합니다.

공부할 때는 내용을 자신의 글로 정리하는 습관을 갖는 것이 유익하고, 스터디그룹을 만들어 함께 토론하며 배우는 것이 좋습니다. 건전한 신앙공동체에 속한 친구들과 좋은 기독교 책을 읽는 모임을 적어도 하나 이상 유지하고, 가능하면 비기독교인 친구들과의 공부 모임을 병행하는 것을 추천합니다.

이제 곧 대학 새내기가 될 김군에게 보내는 C급 선배의 하찮은 도움말은 우선 여기까지입니다. 앞으로도 기회가 닿을 때마다 만나서 더 많은 이야기를 나누면 좋겠습니다. 그리스도 안에서 이렇게 서로 참된 교제를 나눌 수 있는 관계가 있어서 나도 정말 기쁩니다.

김군의 대학 생활을 진심으로 축복하는 한 선배가.

두 번째 편지

나의 후배이자 소중한 동역자인 김군에게.

지난주에 치른 기말고사는 잘 마무리했나요? 이번 시험은 시간은 빠듯한데 공부할 분량이 많아 걱정이라고 했죠. 그래도 이번 학기 내내 전공공부를 성실하게 해 왔으니 좋은 결과가 있으리라 생각합니다. 겨울 방학이 지나면 벌써 3학년이 된다니 믿기지가 않네요. 그래도 입학할 때 내가 말해 준 몇몇 이야기들을 명심하고 꾸준히 실천해 왔다니 정말 기쁩니다.

김군, 기독교 세계관 공부를 하면서 가장 크게 깨달은 점이 이분법의 문제였다고 말했었죠. 그 동안 마음과 힘을 다해 하나님을 사랑하고 섬겨 왔다고 생각했는데, 실제로는 하나님을 종교적이고 개인적인 영역에서만 인정해 왔다는 사실에 절망스러울 정도로 괴로웠다는 김군의 솔직한 고백이 내 마음에 깊은 울림으로 다가왔습니다.

사실 나는 김군이 기독교 세계관과 신학을 꾸준히 공부하면서 언젠가 이 지점에 도달하기를 바라고 있었습니다. 칼빈이 말한 것처럼 '하나님의 주권'을 인정하는 것은 참된 그리스도인의 특징이라고 말할 수 있습니다. 그런데 오늘날의 그리스도인들은 근대(Modernism)가 만들어 놓은 성/속, 사실/가치, 공적 영역/사적 영역 등의 범주를 자신도 모르게 받아들이고 있습니다. 나 또한 나도 모르게 전제하고 있던 잘못된 이분법을 발견하는 과정이 있었는데, 김군이 이 지점에 이르게 되었다고 하니 오늘은 그 이야기를 좀더 해주려고 합니다.

언젠가 이야기한 적이 있는지 모르겠지만, 모태신앙으로 관습적인 신앙을 유지해 오던 내가 죄인임을 깨닫고 예수 그리스도의 십자가 복음을 받아들인 것은 열여섯 살 때였습니다. 회심 이후 나의 삶과 신앙은 전적으로 변화되었습니다. 내 삶을 다해 하나님을 섬길 수 있는 가장 고귀한 일이 무엇일까 날마다 고민을 했는데, 어린 나에게 떠오른 대답은 목회자가 되는 것이었습니다. 이왕이면 '세속적인' 직업을 갖고 '부분적인' 헌신을 하는 것보다는, '목회자'가 되어 '전적인' 헌신을 하는 것이 '더 고귀한' 일이라고 생각했습니다. 부르심을 놓고 기도하던 중 가슴이 뜨거워지고 목회에 대한 확신이 더욱 강렬해짐을 경험하면서 하나님이 나를 부르신다고 믿게 되었지요.

대학생이 되고 기독교 세계관과 신학을 공부하면서 나에게도 잘못된 이분법이 있다는 것을 알게 되었습니다. 그리스도인의 삶이 성스럽고 종교적인 일뿐 아니라 소위 세속적이고 일상적인 일과도 관계되었다는 사실을 깨달았죠. 다만, 하나님이 각 사람에게 재능과 은사를 다르게 주셔서 각자의 역할(사명)이 다른 것뿐이었습니다. 어떤 영역에서 어떤 일을 하며 살든지 더 우월하거나 열등한 삶이란 본질적으로 없음을 알게 되었습니다. 즉, 목사나 선교사가 되거나, 학자가 되거나, 직장인이나 연예인, 청소부가 되는 것은 각자의 사명에 속하는 것일 뿐 그 중요도와 가치에 있어서는 차이가 없으며, 하나님의 주권과 말씀이 삶에서 얼마만큼 인정되느냐가 가장 중요한 문제였습니다.

이러한 깨달음은 가히 제2의 회심이라 부를 정도였습니다. 결국 나는 목회자가 되고자 했던 결정에 대해 처음부터 재고할 수밖에 없었습니다. 내가 전적으로 하나님을 섬길 수 있는 길이 반드시 목회자나 선교사가 되는 것은 아니라는 사실, 또한 신자가 섬겨야 할 영역이 교회만이 아닌 세상 전체라는 사실은 부르심의 자리에 대해 하나님께 모든 것을 열어 놓고 다시금 질문을 하도록 만들었습니다. 그리고 오랜 숙고와 기도 끝에 10년 동안 준비해 온 목회의 길을 내려놓게 되었습니다.

여기에는 몇 가지 이유가 있었습니다. 첫째, 신앙이 좋으면 목회자나 선교사가 되고 신앙이 어리면 평신도로 남는다는 이분법적 구도를 깨뜨려야겠다고 생각했습니다. 목회자와 평신도는 사명의 차이일 뿐 신앙의 우위에 따라 구분되는 것이 아니며, 평신도야말로 복음에 열정적으로 헌신하면서 동시에 자신의 영역에서 하나님의 주권에 따라 살아가야 하는 위대한 사명을 맡은 자들입니다. 우리 모두는 하나님의 위대한 사역자들입니다. 목회자나 선교사가 될 수 없어서 평신도의 삶을 선택하는 것이 아니라, '세상'이라는 사역지로 부름받은 '평신도'라는 위대한 사역자의 삶을 선택하는 것입니다.

둘째, 평신도에게 주어진, '세상 속에서 각 영역을 섬기는 사명'을 바르게 인식하고 실천하는 사람들이 많지 않아 보였습니다. 목회자가 되기에는 '덜 거룩한' 평신도들이 교회에서 맡겨진 몇몇 일들을 감당하는 수준에서 만족하지 않도록 독려하며 돕는 역할을 '목회자'가 아닌 '평신도'의 자리에 있는 누군가가 해야 한다는 생각이 들었습니다. 이런 이유들로 나는 오래 꿈꾸어 왔던 목회자의 길을 내려놓게 되었습니다.

졸업과 동시에 예기치 못한 기회가 찾아 왔습니다. 한 기독교 NGO에서 청년들을 교육하는 프로그램을 운영하는 기독활동가의 자리였는데, 나는 곧 간사가 되어 이 일을 시작했습니다. 청년들을 꾸준히 만나고 교육 프로그램을 운영하면서, 이 같은 나의 생각이 단지 관념적이고 이론적인 것이 아니라 매우 현실적인 문제라는 사실을 확인할 수 있었습니다. 고민 끝에 좀더 전문적으로 섬길 수 있는 사람이 되기 위해 공부를 더 해야겠다고 결론 내리게 되었고, 감사하게도 하나님이 길을 열어 주셔서 현재 대학원에 진학하여 사회학을 전공하게 되었습니다.

잘못된 이분법의 문제를 깨달은 김군 또한 자신의 부르심이 무엇인지 다시금 점검해야 합니다. 김군이 선교사가 되어야 할 것 같은 부담감에 늘 고민하며 기도해 온 것을 잘 알고 있습니다. 선교사나 목회자가 되는 것은 훌륭한 일입니다. 진지하게 기도하기를 바랍니다. 그러나 그 일을 다른 일보다 더 '거룩'하며 유일하게 모든 것을 다 드리는 일인 양 생각하지는 말기를 바랍니다. 그 일은 하나님을 섬길 수 있는 수많은 일 가운데 하나일 뿐입니다. 만약 다른 영역에서의 섬김이 마음속에서 깊은 울림으로 다가오고 있다면, 조금도 거리낌 없이 그 영역으로 달려가기 바랍니다. 그리고 마음과 뜻과 힘을 다해 그 영역에서 하나님의 주권을 인정하고 드러내며 살기 바랍니다. 나에게 그것은 지금 학문의 영역입니다. 김군에게도 그러한 영역이 있으리라 믿습니다.

사랑하는 김군! 바울 사도는 당시 성도들이 단단한 식물(말씀의 깊은 지식)을 먹어야 할 때가 되었음에도 다시 기초적인 말씀을 가르침 받아야 하는 현실을 보며 얼마나 한탄하고 책망했는지 모릅니다. 그러나 김군은 지난 시간들을 게을리 보내지 않았기에 앞으로 말씀의 깊은 지식으로 나아갈 수 있으리라 믿습니다. 그래서 마지막으로 나의 여전한 고민거리와 더불어 몇 가지 도움이 될 만한 말들을 해주고자 합니다.

먼저, 현대 복음주의 교회의 영적 현실에 대해서 조금 이야기하겠습니다. 김군도 이미 느꼈겠지만 현대 복음주의 교회의 현실은 매우 복잡하고 암담합니다. 그 속에는 매우 다양한 신앙의 흐름과 전통들이 혼재되어 있습니다. 복음주의 우파 또는 근본주의적 복음주의, 복음주의 좌파 또는 급진적 복음주의, 신복음주의, 고백적 복음주의, 오순절주의와 은사주의, 에큐메니컬 복음주의 등 이름을 붙여 구분할 수 있는 수많은 흐름들이 '복음주의 기독교'라는 큰 흐름 속에 존재합니다. 중심적이고 공통적인 교리나 원리를 '최소한으로만' 인정하고자 하는 초교파적 성격을 지닌 복음주의 운동의 특성상, 시간이 흐를수록 교리나 신학이 점차 주변화되는 현상이 나타납니다. 교리나 신학은 복음주의자를 분열시켜 연합과 복음전도를 방해하는 거추장스러운 것일 뿐이라는 인식이 생겨난 것이죠. 따라서 현대 복음주의는 연합과 복음전도라는 '매우 실제적인' 결과물을 생산해 내는 데 도움이 될 만한 것이라면 무엇이든 받아들이는 '실용주의적인' 성격으로 점차 변질되고 있습니다. 핵심적인 몇 가지 원리(성경의 권위, 복음전도의 강조, 그리스도의 십자가 대속 사역 등)만 명시적으로 동의하면 나머지 교리들이야 어떻든 중요하지 않다는 것이죠.

이 같은 맥락 속에서 '긍정의 신학', '번영과 형통의 신학', '심리 치유의 신학', '경영과 마케팅의 신학', '신비주의 영성' 등이 복음주의 교회와 운동의 중심에 들어왔습니다. 결국 데이비드 웰스가 지적한 것처럼, 신학과 말씀, 진리가 철저히 주변으로 밀려나고 실용주의적 차원에서 도움이 되는 갖가지 방법론들이 교회와 복음주의 운동 내부로 들어와 중심을 차지하는 역전 현상이 벌어졌습니다. 이것이 오늘날 복음주의 운동과 교회의 현실입니다. 김군이 적어도 단단한 식물을 먹을 정도로 성장하기 위해서는, 반드시 오늘날의 교회 모습만을 살필 것이 아니라, 오늘날과는 전혀 다른 종교개혁 시대의 교회 모습을 깊이 검토해 보는 과정이 필요합니다.

둘째로, 사회학도로서 학문의 영역에서 하나님의 주권을 인정하고 드러내며 살아가는 문제에 대한 고민입니다. 다른 학문 분과도 마찬가지겠지만, 사회과학은 '과학적 탐구방법'이라는 기치 아래 소위 자연주의적이고 세속주의적인 전제를 가진 연구자 집단이 이미 지배하고 있습니다. 이는 근대 사회가 출현하면서 학문적 규칙을 설정할 수 있는 권한이 세속주의적 전제를 가진 사람들에게 점차적으로 넘어갔기 때문입니다. 기독교를 포함한 종교적 견해는 '비과학적'이기 때문에, 학문적 영역에 종교적 전제나 의견이 개입되어서는 안 된다는 것이 근대 이후 학문 세계의 일반적인 규칙이라 할 수 있습니다. 과학의 절대적 아성이 포스트모던 사회가 되면서 근본적으로 붕괴되었다고는 하지만, 실제로는 여전히 학문 세계에서 군림하고 있는 것이 현실입니다.

문제는 자연주의와 세속주의에 점령당한 현대 학문 세계에서 하나님의 주권을 인정하기 위해서는 철저하게 학문적 성과를 통해서 기독교적 학문 연구의 정당성을 설득해 낼 수 있어야 한다는 것입니다. 그 좋은 예로, 철학 분과에서 '개혁주의 인식론'을 확립하여 상당한 영향을 미치고 있는 앨빈 플란팅가와 니콜라스 월터스토프의 활약을 들 수 있겠지요. 이와 같은 일들이 활발하게 일어나기 위해서는 학문적 영웅들이 출현하는 것도 필요하지만, 동일한 신앙과 비전을 공유하며 이 일들을 함께하는 '연구자 집단'이 필요합니다. 저의 경험에 비추어 볼 때, 현장에서 이와 같은 '연구자 집단'을 만나기란 매우 어렵습니다. 이런 사정은 비단 학문 세계뿐 아니라 직장 생활을 하고 있는 분들도 마찬가지일 것입니다.

따라서 기독교 세계관과 신학이 탄탄하게 준비된 많은 그리스도인들이 자신이 속한 영역별로 모여 끊임없이 연구하고 노력하며, 각 분야에서 어떻게 하나님의 주권을 인정하고 드러내며 살 수 있을지 고민하며 힘을 모아야 합니다. 김군 역시 지금부터 기도하면서 함께할 수 있는 동역자 그룹을 만들어 가는 것이 앞으로의 중요한 과제가 될 것입니다.

사랑하는 김군! 선배의 하찮은 조언에도 진심으로 귀를 기울이고 또 꾸준히 실천하여 열매를 맺어가는 모습을 보니 큰 감동이 됩니다. 이런 것을 두고 성경에서는 '신실함(faithfulness)'이라고 표현을 하더군요. 그와 같은 신실함을 앞으로도 결코 잃어버리지 말고 이 선배보다 더욱 뛰어난 수준으로 자라나게 되기를 진심으로 바랍니다.

김군을 깊이 기뻐하고 사랑하는 한 선배가.

부록 2

참 공부가 너희를 자유케 하리라
– 김현기

'학이시습지學而時習之', 배움과 때에 맞는 공부를 삶의 모토로,
배운 대로 살기 위해 분투하는 30대 직장인. 현재 인터넷 서점에서 근무하고 있다.

1999년 3월, 20세기 마지막 신입생으로 대학 생활을 시작한 때입니다. 그야말로 꽉 들어찬 세기말이었지요. '세기말' 하면 어떤 느낌이 드나요? 저는 왠지 암울한 느낌이 듭니다. 그건 아마도 일생에 한 번 겪은 세기말이 무척 암울했기 때문일 것입니다. 20세기 말은 한국전쟁 이후 최대 국난이라고 불리는 IMF 사태가 일어난 때입니다. 대학 사회도 그 영향 아래 있었음은 두말할 필요가 없겠지요.

　청년실업이라는 네 글자 실체 없는 공포가 대학의 중심에 똬리를 틀고 있는 시대. 이러한 때일수록 대학 생활은 오직 대학 진학을 위해 살았던 청소년기의 삶의 방식을 더욱 견고히 하는 형태로 작동될 수 있습니다. 무슨 소리냐고요? 대부분의 학생들은 '수능대박'을 목표로 청소년기를 보냈습니다. '수능대박'이란 말에는 소위 '명문대'라 불리는 학벌에 대한 욕망이 들어 있습니다. 그러면 '명문대'는 왜 가려고 하느냐? 다 아는 얘기인가요? '좋은 성적이 나와야 좋은 대학에 가고, 좋은

대학을 나와야 좋은 직장에 취직하고, 좋은 직장을 가져야….' 이건 마치 주술과도 같습니다. 이 시대 청소년들의 사고를 마비시키는 주술! 이러한 주술적 삶의 방식과 대학 사회를 지배하고 있는 청년실업이라는 공포가 만나게 되면, 대학 생활은 기존의 삶의 방식을 그대로 재현하게 됩니다. 명문대 우상이 대기업 우상으로 대체되는 것이지요. 내신관리와 수능준비가 학점관리와 취업준비로 등가교환을 이룰 뿐, 결국엔 별 다를 것 없는 일상을 살아가게 됩니다.

1999년 대학 캠퍼스에는 이미 취업에 대한 두려움이 엄습해 있었습니다. 한창 싱그러울 새내기 시절부터 명문대 콤플렉스로 깊은 패배감에 사로잡혀, 우중충한 낯빛으로 캠퍼스를 배회하던 이들을 심심치 않게 볼 수 있었습니다. 무슨 공부를 어떻게 해야 할지 몰라 헤매던 이들도 있었고요. 이런 친구들은 공강이 긴 날에는 무언가 재미있는 것을 찾아 나서야만 했지요. 사람들은 대학이 지식의 상아탑이라 했지만 정작 대학에서 하는 공부는 학점을 잘 받기 위한 공부와 TOEIC, 각종 자격증 취득의 범주를 넘어서지 못했습니다.

대학에만 가면 무언가 다른 세상이 펼쳐질 것이란 기대가 여지없이 무너지고 있을 무렵, 대학 생활의 길잡이가 되어 준 것은 캠퍼스 선교단체였습니다. 정기적인 모임과 예배를 통해 성경을 깊이 있게 공부할 수 있었고, 성경에서 이야기하는 '하나님 나라'가 무엇인지를 알게 되었습니다. 그저 학점 잘 받게 해주시고 죽어서 천국가게 해주시는 하나님에서, 하나님 나라를 이루기 위한 일꾼으로 부르시는 하나님을 알게 된 것입니다. 돌이켜보면 하나님의 뜻 앞에 서게 된 새내기 시절, 그제야 처음으로 '인생을 어떻게 살 것인가'를 스스로 고민해 보았던 것 같습니다.

대학이란 공간에서 처음으로 하나님 나라 이야기를 듣고 인생에 대해 진지하게 고민하기 시작했을 때, 필연적으로 이 땅의 현실을 바라보게 되었습니다. 주기도문에는 "나라이 임하옵시며"라는 구절이 있습니다. 하나님 나라를 구하는 기도입니다. 그 뒤에 이어지는 구절은 "뜻이 하늘에서 이루어진 것같이 땅에서도 이루어지이다"입니다. 하나님 나라의 구현이 바로 이 땅 위에서 이루어지기를 기도하고 있는 것입니다. 배움을 얻는 것, 세상의 이치를 깨닫는 것은 하나님 나라를 꿈꾸는 자들에게 매우 중요한 것입니다. 하나님 나라를 일구어 나가는 장이 바로 이 땅, 이 세상이기 때문입니다. 말로 하나님 나라를 외치는 것은 쉽지만 일상에서 하나님 나라를 구현하는 데는 많은 노력이 필요합니다. 그것은 바로 세상의 현실을 직시하는 데서 시작합니다.

지구 전체의 총 생산량은 자본주의 이전 시대에 비해 엄청나게 증가했음에도 왜 여전히 세계의 절반 이상이 가난으로 고통받고 있는가, 환경오염과 생태파괴는 우리 시대의 문명과 어떤 연관이 있는가, 왜 전쟁은 끊이지 않는가, 우리 사회 분열의 근본 원인은 무엇인가…. 우리가 살아가는 이 세상에는 신앙의 양심으로 짚고 넘어가야 할 문제들이 무척 많습니다. 특별히 한국 근현대사는 일제 수탈과 분단, 전쟁을 비롯하여 급격한 자본주의 사회로의 전환, 민주화 운동에 이르기까지 변화와 질곡의 사건들이 많습니다. 우리 사회는 이러한 역사적 사건들 위에 형성되었습니다. 역사 앞에서 오늘을 반추하지 못한다면, 이는 게으름이요 우둔한 삶의 반복일 뿐입니다.

새로운 배움 앞에서 우리는 역사적·사회적 문제들을 당연시하던 습관을 버려야 합니다. 의구심을 품고 그 근본을 하나씩 살피기 시작할 때에야 비로소 세상 속에서 벌어지고 있는 일들에 대해 분별할 수 있게 되고 변화를 소망하게 됩니다. 맹목적인 생활과 사고의 습관을 버리고 세상 전반에 대해 제대로 공부할 필요가 여기에 있는 것입니다. 오직 대학 진학만을 위해 달려왔다면 대학생이 된 이후부터라도 우리 시대가 형성되기까지 지나온 역사적 배경과 사유의 맥을 짚어가는 진득한 공부를 집중적으로 시작해야 합니다. 비록 그러한 공부가 장차 취업을 보장해 주지 않더라도 말입니다. 적어도 주기도문으로 기도를 하는 사람이라면 신앙의 양심으로 세상의 이치를 깨달아 알기 위한 노력을 해야 하지 않을까요?

그러기 위해 우리는 공부의 개념을 확장하고 더 나아가 공부의 개념을 전복할 필요가 있습니다. 입시 위주의 공부 개념을 모든 배움의 과정으로 확장해야 합니다. 그렇게 되면 강의실과 도서관에서 하는 공부뿐만 아니라 대학 생활 전반, 즉 사람들과의 만남, 여행, 놀이 등 모든 것이 공부가 됩니다. 세상 어디에서든지 배우는 자세로 있는 것은, 일상생활에서 성찰과 분별을 통해 하나님 나라 운동을 지속적으로 해나가기 위한 첫 걸음입니다. 삶의 전 과정을 통해 세상의 이치를 깨닫는 것, 즉 공부하는 삶이 신앙하는 삶이 되고, 신앙하는 삶이 공부하는 삶으로 이어지는 것입니다. 또한 '지식과 정보의 개인적 축적'이라는 공부의 개념 역시 한국의 경쟁적 입시 체제가 만들어 낸 기형적인 공부의 모습입니다. 이는 개인이 지식과 정보를 다른 이들에 비해 얼마나 많이 축적하고 있느냐에 따라 더 좋은 학교, 더 좋은 직장에 들어갈 수 있다는 믿음에 근거하고 있습니다. 더불어 살아가는 능력을 키우는 것이 나와 너를 살리는 참 공부입니다. 지식과 정보의 축적을 위한 공부에서 공유를 위한 공부로 전환이 필요합니다.

　대학은 큰 대(大), 배울 학(學)으로 이루어진 한자어로 '큰 배움'이란 뜻을 지니고 있습니다. 본래의 의미를 생각해 볼 때 대학은 다양한 분과 학문을 통해 큰 배움을 얻고 더 나아가 세상의 이치를 깨달아 알 수 있는 장(場)입니다. 대학에서 전공 과목만 공부하지 않고 다양한 교양 과목을 공부해야만 졸업이 가능하게 해 놓은 이유도 '큰 배움'을 위함이 겠지요. 대학에서 공부한다는 것의 개념을 확장하고 전복하는 데에는 한 가지 필수조건이 있습니다. 그것은 바로 우정의 관계입니다. 공부는 홀로 하는 것이 아니라 함께 하는 것입니다. 또한 함께 더 잘 살아가기 위함입니다. 우리 사회의 아픔을 좀더 잘 들여다볼 수 있는 공부, 아픔 속에서 새로운 희망을 품을 수 있는 공부는, 함께 뒤엉켜 살아가고 있는 이 땅의 현실에 가슴 아파하며 새로운 것을 꿈꿀 수 있는 관계에서 시작됩니다. 세상에는 조금 더 유력해지기 위해 공부를 하는 이들이 너무나도 많습니다. 당장 도움이 되지 않는 공부를 하는 이들은 그만큼 적겠지요. 군 전역 후 복학한 캠퍼스에서 이런 현상은 더욱 극명히 드러났습니다. 군 입대 전 왕성하게 활동하고 있던 역사기행 동아리는 신입생이 들어오지 않아 존폐 위기에 놓인 반면, 증권투자 동아리나 영어회화 동아리는 사람들이 넘쳐났습니다. 불과 2, 3년 사이에 캠퍼스 내에서 시대의 욕망이 더욱 가속화된 것입니다.

　그 무렵 교회 소모임에서도 시대의 욕망이 삶의 모양과 기도에 얼마나 영향을 끼치는지 경험하게 된 사건이 있었습니다. 돌아가며 한주간의 생활 나눔과 기도회를 하는 시간에 한 후배가 말문을 열었습니다. 개인적으로 증권투자를 하고 있는데 주가 급락으로 원금이 손실되어 마음이 힘들다는 내용이었습니다. 그 이야기를 듣고 반응이 어땠을까요? 소모임 리더는 다시 주가가 올라 원금이 보전되도록 기도하자고 했습니다. 저는 그 순간 기도에 앞서 고민이 들었습니다. 교회 모임에서 무엇이 나누어져야 하고 무엇을 기도해야 하는지에 대해서 말이죠.

그 사건을 통해 저는 졸업 이후의 삶에 대해 실존적인 고민을 갖게 되었고, 새로운 배움의 길을 찾아 나아가게 되었습니다. 졸업 이후에도 신앙인으로 잘 서갈 수 있기를 갈망하며 기도하는 중에 저와 비슷한 고민을 하고 있는 이들을 만났고, 그들과 함께 우리 사회를 지배하고 있는 자본의 힘 그리고 그 힘 앞에 자유롭지 못한 교회의 모습에 대해 공부했습니다. 공부는 그렇게 새로운 관계의 형성을 통해 새로운 걸음을 내딛을 수 있는 힘을 주었습니다.

좁은 길을 함께 걸을 수 있는 친구를 만나는 것만큼 복된 일도 없을 것입니다. 하나님 나라의 원대한 꿈을 품고 시대의 과제를 분별하며 극복해 가는 우정의 관계들이 대학 여기저기에서 든든히 서 가는 모습을 상상해 보십시오. 낙숫물이 단단한 바위를 뚫어내듯이, 우직한 공부의 연대가 변하지 않을 것 같은 세상에 하나님 나라를 일구는 밑거름이 될 것입니다.

대학 졸업 후 생활 속에서도 '주술적 생활방식'의 힘은 여전히 작동되고 있습니다. 쉴 새 없이 돌아가는 바쁜 일과 끊임없이 경쟁을 부추기는 체제 속에서 '무엇을 위해 살고 있는가?'라는 질문을 놓친다면, 먹고 살아가는 일상에서 하나님 나라를 구현하기는커녕 먹고사는 데 급급한 인생이 되기 십상입니다. 하나님 나라를 위한 공부는 여전히 치열하게 전개 중입니다. 시대의 우상을 분별하고 어떻게 그 우상을 거스르며 살 것인가를 공부하는 것. 일상의 현장에서 대안적인 생활양식을 만들어 가는 것이 즐겁고 유쾌한 도전이 될 수 있는 이유는 함께 꿈을 꾸고 그 꿈을 함께 이루며 살아가는 이들이 있기 때문입니다.

'무엇을 위해 살 것인가'라는 고민을 시작하는 때가 대학 시절이기에, 대학에서의 만남과 공부는 앞으로 살아갈 인생의 밑그림을 그리는 귀중한 시간입니다. 자신의 스펙을 관리하기 위해 과도하게 집착하지 마십시오. 그보다 더 중요한 것은 하나님 나라를 꿈꾸는 가운데 좋은 친구들을 만나 함께 공부하고, 그 안에서 자기 소명을 발견해 나가는 것입니다. "고민 없는 젊음은 젊음이 아니고, 젊은 고민은 인생의 문을 열어 준다"고 합니다. 대학 시절은 이전에 살아 왔던 방식을 깨치고 무엇을 위해 살 것인지를 고민할 수 있는 절호의 기회입니다! 때에 맞는 공부가 여러분의 삶에 새로운 문을 열어 줄 것입니다.

부록3

기독 지성과 삶의 일치를 향하여
― 김용주

대학원에서 CAD 분야를 전공했고 지금은 자동차 연구소에서 선행차량의 부품설계업무를 하고 있다. 그 동안 "복음과상황"에 '도발적인 캠퍼스 보기', '기독교 세계관 운동에 대한 소고' 등을 연재했다.

공부기계, 대학에 들어가다!

중고등학교 때 나는 이른바 모범생 계열의 학생이었다. 공부를 잘한다는 이유로 학교에서 누리게 되는 혜택이 솔직히 싫은 건 아니었지만 그럴수록 친구들 사이에서 미움의 대상이 되는 게 문제라면 문제였다. 내 사물함은 종종 반 친구들에 의해 심하게 찌그러져 교실 바닥을 나뒹굴었으니 말이다. 점수와 등수로 학생을 평가하던 고등학교 시절, 나는 입시를 위해 친구들을 포기했고 불편하기만 한 학교 생활이 어서 끝나기만을 바랐다.

기나긴 입시 교육을 마치고 1995년 기계공학과에 입학했다. 그곳에서 우연히 전교 등수가 나보다 한참 뒤였던 반 친구를 만났는데, 그는 "너처럼 공부해도 나랑 똑같은 곳에 입학한 걸 보니 고등학교 때 너처럼 공부 안 하길 잘했다"며 비웃었다. 그의 빈정거림에 번번이 짜증이 났지만 결과적으로 나는 그 친구와 같은 종착역에 내렸다는 사실을 받아들일 수밖에 없었다. 어쨌거나 이젠 모든 게 끝났으니 털어 버리자고 마음을 추슬렀다.

처음엔 대학이라는 낯선 환경이 신기했지만 시간이 지날수록 느슨해졌다. 여전히 주기율표를 외우고 물리학과 각종 역학들을 배워야 하는 수업은 지루하기만 했다. 나는 공부에 지친 새내기였고 공부로 시간을 허비하고 싶지 않았다. 친구들과 거의 매일 포켓볼을 치고 맥주를 마시다가 밤늦게야 집에 들어가는 생활이 반복되었다. 한 달 정도가 지나자 그 생활도 조금씩 지겨워졌다. 시간은 넘쳐나는데 딱히 할 일은 없고 친구들과 어울려도 공허한 마음만 커지는 게, 은퇴한 노인이 된 기분이었다. 내 인생의 종착역은 대학이었고 그 이후에 대해서는 깊이 생각해 본 적이 없었다.

기독교 세계관을 접하다

10년도 넘은 과거 이야기로 글을 시작한 건, 대학을 처음 들어갔을 때의 혼란했던 상태를 독자들에게 전해 주고 싶어서다. 지금도 여전히 시행착오와 혼란, 그리고 무력감을 경험하지만 내 삶에서 그때만큼 혼란스러웠던 시기는 없었다. 대학 공부에 열심을 내거나 진로에 대해 진지하게 고민할 여력이 없었던 내가 다시 학문에 관심을 갖게 된 건, 기독교 세계관을 접하면서였다.

공허함을 달래 줄 무언가를 찾고 있던 차에 교회 목사님이 한 캠퍼스 선교단체를 권해 주셨다. 그곳에서 기독교 세계관을 처음 접했고 이전에는 경험하지 못했던 신앙적인 눈을 뜨게 되었다. 창피한 이야기지만 대학을 들어가기 전까지 나는 사람이 죽으면 천국에서 머리에 금빛

고리를 달고, 성가대가 주일마다 걸치는 하얀 옷을 입고, 하루 종일 하나님을 찬양해야 하는 줄 알았다! 하나님을 찬양한다는 말조차도 나에게는 다분히 형이상학적이고 현실에 뿌리내리지 못한 망상에 불과했던 것이다.

신학과 철학 책들을 공부한 후 기독교를 버리고 교회를 떠나신 나의 아버지의 영향으로 지적 성실함에 대한 두려움이 있었던 나는, 지성의 사용이 오히려 신앙을 견고히 하는 데 도움이 됨을 깨달았다. 나는 다시금 학문 연구에 흥미를 갖게 되었고, 성경을 깊이 연구하는 것과 더불어 역사와 교회사, 신학 서적들을 스펀지가 잉크를 빨아들이듯 닥치는 대로 읽어 댔다. 건성으로 읽던 성경은 깊이 연구할수록 매력적인 책으로 다가왔고, 성경의 '난제'에 부딪히면 결론이 날 때까지 두문불출하기도 했다. 학교에서는 전공 이외의 다양한 수업을 들었고 그때마다 조금씩 신앙과 학문의 통합을 고민했다. 수업이 시작되면 필독서와 참고서적은 물론 복음주의권 책들을 병행해서 읽었고 그것을 토대로 보고서를 작성했다. 물론 A+를 받아본 적은 한 번도 없다. 종교적 시각을 드러내는 글은 처음부터 평가 절하되기 일쑤였다. 참고서적에 기독교 관련 책들이 포함되는 것 역시 학문적 신뢰도를 낮추는 역할을 했던 것 같다.

하지만 그런 수업 분위기와는 별개로 신앙과 학문의 통합된 관점을 갖는 훈련들이 지금의 내 신앙을 정립하는 데 큰 도움이 되었다. 철학과 사회학, 인문학 고전들과 전공 분야의 책들을 비롯하여 한국사회의 정치사회적 이슈를 다룬 책들까지 두루 읽었는데, 그때부터 대학생으로서 캠퍼스와 한국 교회, 나아가 한국 사회를 이해하고 사회참여를 실천할 수 있는 방법을 고민하게 되었다. 이는 이후에 기독매체에 정기적으로 글을 쓰고, 기독학생연합회나 기독총학 진출모임, "복음과상황" 독자모임, 교회개혁실천연대 등에 참여하는 계기가 되었다.

여전히 캠퍼스에서 학업과 신앙을 통합하려는 노력을 부정적으로 바라보는 기독학생들이 많이 있다. 그들은 대학교를 전도의 대상이자 영적 전쟁터로만 인식하여 학업보다는 기독공동체 활동에 많은 시간을 들였는데, 이들 중 상당수는 기독공동체 내에서 인정받는 리더들이었다. 이들은 신앙과 학문을 대립구도로 설정한 후 학업을 하나님 앞에 내려놓고 그것이 신자의 '고난'이자 포기해야 할 '이기적인 무엇'이라고 생각하는 듯했다. 다른 리더들은 지금 함께 하나님을 애타게 부르짖고 있는데 시험 기간이라는 이유로 공부를 하는 것이 과연 옳은가, 시험공부를 포기하더라도 기도에 동참해야 하지 않겠는가, 그것이 하나님의 자녀 된 우리들의 의무이자 기쁨이 아니겠는가? 시험 전날 공부를 포기하고 캠퍼스 예배와 아침 기도회에 참석했더니 마음이 편안해졌다고 간증하는 학생들이 실제로 많이 있었다.

삶의 변화를 향해

나는 대학 졸업 때까지 성경은 열 권 정도, 책은 대략 천 권 정도를 읽었다. 부끄럽게도 그때는 자주 나의 독서량을 자랑하고 다녔는데, 지식의 양보다는 인격 성숙과 실천적 삶의 열매가 더욱 중요하다는 사실을 이제야 절감한다. 그런 점에서 나는 부족한 면이 많은 사람이었다. 초등학교 때부터 교회를 다니기는 했지만 내게 기독교는 교양 있어 보이게 만드는 것 이상도 이하도 아니었다. 백화점에서 심사숙고하여 고른 명품 청바지처럼 내가 선택한 종교가 나를 빛내 주길 내심 바랐다. 하나님을 알라딘의 요술 램프처럼 여기지는 않았지만 착하고 바르게 살면 보상을 해주시리라 기대했다. 하지만 기독 지성이 내 안에 싹트면서 신앙은 나를 변화시켰다.

대학 시절, 타일공장에서 일할 기회가 생겼는데 생색내기를 좋아했던 나는 한 집회에서 낮아짐을 훈련하기 위해 공장에 간다고 간증했다. 사실 공장 일은 군복무를 대체하는 것이었고, 사장님이 아버지 친구 분이었기 때문에 비교적 편한 곳이었다. 하지만 공장 사람들과의 관계에서 예상치 못한 이질감이 있었다. 대화중에 그들이 잘 모르는 이야기가 나올 때면 최대한 아는 만큼 설명해 주려고 애썼는데, "그래, 너 잘났다"라고 호통 치는 직원들의 비난과 따돌림으로 인해 결국 3개월 만에 그만두게 되었다. 이후에 나는 공장 이야기만 나오면 피해의식에 사로잡혀 그들을 비난했다. 돌이켜 보면 그때 나는 어렸고 사회 경험도 없었으며 교만했다. 기독교 세계관을 접하고 성경을 깊이 묵상하면서 내가 얼마나 악한 존재인지, 내가 얼마나 당돌하고 어설프고 어리석었는지 인정하게 되었다. 의도하지 않은 변화였다.

시간이 흘러 다시 군복무를 위해 행정직 공무원의 행정 보조로 일할 때였다. 여느 때처럼 한 공무원이 잔심부름을 시키려고 날 불렀다. 다른 일들로 정신이 없던 나는 죄송하지만 다른 급한 일이 있다고 말했는데, 내 말이 끝나기가 무섭게 버럭 소리를 지르며 신고 있던 신발을 벗어서 내 얼굴을 향해 던지는 것이 아닌가. 나는 날아오는 신발을 한 손으로 잡아냈고, 신발을 가져가 무릎을 굽힌 채 태연히 그의 발 앞에 내려놓고는 조용히 사무실을 나왔다. 신기하게도 그날 나는 그의 모욕적인 행동에 별로 화가 나지 않았다. 그 일이 있은 후 그들은 나를 예전보다 더 잘 대해 주었고 신발을 집어 던진 사람을 제외한 직원들과 더욱 친해졌다.

공장에서 악동이었던 내가 이제는 겸손한 사람으로 거듭났다는 말을 하고 싶은 것이 아니다. 그날 이전에는 한 번도 나에게 악한 마음을 품은 사람을 조건 없이 용서해 본 적이 없었다. 겉으론 참았어도 마음으로 살인을 하는 경우도 많았다. 내가 하고 싶은 말은, 그날 '신발 사건'을 계기로 내 마음의 변화를 체감하게 되었다는 사실이다.

직장과 소명

CCM 가수를 꿈꾸기도 하고 미디어 비평에 흠뻑 빠져 신문방송학과로 전과 계획을 세우기도 하던 나는, 지금 자동차 연구소에서 부품 설계 업무를 하고 있다. 지금도 종종 지인들은 내게 설계가 적성에 맞느냐고 묻는다. 전공이 싫었던 건 아닌데 졸업을 앞두고는 기독교 단체 주변을 기웃거렸었다. 감정적으로는 여전히 그런 일이 더 신앙적이고 가치 있어 보였나 보다. 마지막까지 전공에 최선을 다하지 못한 채 졸업반이 된 후, 문득 4년 동안 공부한 전공을 살리지 않겠다고 결정한 나 자신을 돌아보게 되었다. 부모의 도움으로 학교를 다녔으면서 4년간 써먹지도 않을 공부를 했다고 생각하니 정신이 번쩍 들었다. 그렇게 시작된 나의 전공 살리기는 대학원 생활을 거쳐 자동차 연구소에서 설계를 하고 있는 지금에까지 이어지고 있다.

나는 가능성 있어 보이는 일들에 당위성을 부여하고 말로 논리를 세우는 일들을 곧잘 했던 것 같다. 창피하지만 때로는 실행해 보거나 경험해 보지 않은 일들에 대해서도 마치 겪어 본 양 과장을 하기도 했다. 난 가끔 내가 공대생이 아니었다면 더욱 허풍이 세져 과장법에 능한 사람이 되지 않았을까 상상해 본다. 내 본성이 그랬다는 말이다. 그러나 사소한 것들을 꼼꼼히 챙기고 책임감 있게 마무리 짓는 데는 서툰 사람이었다. 지금 나는 자동차를 구성하는 2만 개의 부품 가운데 한 시스템을 설계하면서 지성적 성실함에 대해 배워 가고 있다. 특히 말단 연구원 자리에 있으면서도 마치 CEO라도 된 것처럼 큰 방향을 설정하고는 사소한 일들에 의미를 부여하지 않는 내 모습을 날마다 직시하고 있다. 물론 지금의 직업이 소명이라고 생각지는 않는다. 처음부터 내 직업은 공학에 호감을 느껴 전공으로 선택한 데 대한 책임으로 시작한 것이었고 솔직히 아직도 확신은 없다.

전공과 신앙에 있어 좀더 거창한 통합 사례를 제시할 수 있다면 좋겠지만, 아직은 그 수준에 이르지 못한 것 같다. 연구소에 근무하면서 여전히 씨름하고 있는 두 가지 고민이 있는데, 첫째는 앞서 말한 신앙과 전공, 신앙과 업무의 통합 문제다. 효율성과 이윤을 목적으로 하는 기업에서 특히 제조업 분야에서 신앙과 업무를 아우르는 적용점을 찾기란 참 어렵다. 가끔은 전공 분야에 충분히 훈련되지 않은 채 의욕만 앞세우는 그리스도인들을 목격한다. 그들은 신앙적인 잣대로 자신들의 분야와 조직을 성급하게 비판하면서 변화시키려고 애쓴다. 하지만 나는 서두르지 않으려 한다. 이제야 조금 설계에 익숙해진 경력 5년차의 설계자이니 말이다.

둘째는 환경 문제와 가난한 이들에 대한 배려 문제다. 소형차의 가격을 낮추기 위한 부품의 원가 절감 방안 아이디어를 지속적으로 낸다거나 연비를 개선할 수 있는 방안, 혹은 부품 업체에서 제조 공정상 폐기물이나 폐수들을 줄일 수 있는 재질과 공법 연구 등이 이에 속할 것이다. 만일 부품 설계자가 아닌 차종 프로젝트 기획자라면 단품을 넘어 좀더 거시적인 영역에서 이런 방향들을 추진해 갈 수 있을 듯하다.

윤리적 문제

기독 지성을 이야기하면서 첨언하고 싶은 부분은 윤리적인 문제다. 석사 논문을 마칠 즈음 최종 발표를 앞두고 나는 논문에서 제안한 방법의 효율성 여부를 판단하는 압축률에 오류가 있음을 알게 되었다. 오류가 수정된 방법은 그간 발표된 논문보다 압축률이 현저히 떨어졌다. 발표가 한 주밖에 남지 않았는데 교수님께 사실대로 말하면 졸업을 못할 게 뻔했고, 만약 이 논문 주제로 개선된 결과를 얻을 수 없다면 다음 학기 졸업도 기약할 수 없었다. 이미 직장은 최종 면접까지 합격한 터라 더 죽을 맛이었다. 간혹 논문에 수치를 조금씩 고치는 경우를 봐 오던 터라 대충 임기응변으로 이 상황을 넘기고 싶은 생각까지 들었다. 추후에 발견된다 해도 석사 논문에서 발견된 수치 오류를 누가 그렇게 중요하게 생각할까 싶기도 했다.

그날 저녁, 문득 이런 생각에 사로잡혀 아무것도 못하고 있는 내 모습을 발견하고는 멍하게 한참을 있었다. 석사 2년을 공부하고도 중요한 시기에 결과를 속여 가면서까지 졸업하려는 나 자신이 한심했다. 결국 교수님에게 사실대로 말씀드렸고 일주일간 압축률을 개선하지 못하면 논문 발표를 할 수 없게 되었다. 흥미롭게도, 개선 방법을 고심한 지 사흘째 되던 날 새벽에 손쉽게 개선이 되었다! 사흘 만에 개선할 수 있었던 것을 한 번의 잘못된 판단으로 평생 죄 의식에 눌려 지냈을 생각을 하면 지금도 아찔하다.

인간관계에서 오는 윤리적인 문제도 있다. 직장에서 다른 팀과 적대 관계에 있거나 경쟁에 놓이는 경우, 그 팀의 직무 유기를 부각시키거나 우리 팀의 성과를 과대 포장해야 하는 일이 생긴다. 업무분장에 있어서도 나와 우리 팀의 책임을 축소하고 다른 팀을 최대한 이용해야 업무 능력이 뛰어나다는 소리를 듣는다. 동료 간에는 어떠한가. 고과를 높게 받기 위해 연구 성과를 먼저 보고하려고 애쓰거나 아예 후배 사원의 기술이나 보고서를 가로채기도 한다. 이러한 윤리적인 문제는 개인에서부터 팀간의 알력 다툼을 넘어 노조 문제나 협력 업체에 정당한 비용을 지불하는 문제와 같은 회사의 구조적인 문제에까지 나아간다. 일보다 사람을 중시하고 성공보다 동료들과의 지속적인 관계에 힘쓰려 하지만 그게 쉽지만은 않다. 직장에서는 인정받지 않으면 쉽게 도태되기 때문이다. 따라서 학문과 사회의 윤리적 문제들을 깊이 사유하고 작은 일부터 신앙적 양심에 걸맞은 행동을 실천하는 것이 필요하다.

이 시대의 대학생들에게

아직도 신앙적으로 갈 길이 먼 내가 이 책을 읽을 대학생 독자들에게 개인적인 이야기를 풀어낸 건, 어떤 결론을 내기보다는 함께 고민해 볼 것을 제안하고 싶었기 때문이다. 부디 도움이 되었기를 바라며 마지막으로 몇 가지 조언 아닌 조언으로 글을 마무리하려고 한다.

1. 관심 분야의 도서 목록을 만들라. 전공에 상관없이 호감이 가는 분야의 도서 목록을 만들라. 어떤 분야든 입문서와 개론서 그리고 참고

서적들이 잘 정리되어 있다.

2. 두꺼운 책을 많이 읽어라. 군복무 중에 틈틈이 책을 읽던 내게 총무과장님이 했던 말이다. 나이가 들면 두꺼운 책을 볼 시간도, 그럴 능력도 떨어지게 되니 한 살이라도 젊을 때 두껍고 어려운 책을 읽으라고 권하셨다. 정말 맞는 말이다.

3. 책을 읽고 요약하고 자기 생각을 메모하라. 대학 이전까지 책 읽는 습관이 안 들어 있던 나는 책을 읽어도 머릿속에 남지 않아 고생을 했었다. 각 장별로 요약하고 그에 대한 자기 생각을 A4 한 장 정도로 정리해 두면 한 권의 책을 머릿속에 넣어둘 수 있다.

4. 실천적 지성을 훈련하라. 지적 탁월함을 좇다 보면 자신의 인격이나 실천성과는 무관하게 유희적인 차원에 머무르게 되는 수가 많다. 노엄 촘스키나 제레미 리프킨 같은 실천적 지식인을 본으로 삼으라. 또한 지식을 자랑하기에 앞서 주변에 가까운 이들이나 어려운 이들에게 작은 것부터 몸으로 섬기는 일에 더욱 열심을 내자.

5. 진로를 정하면 최소 2년은 매진하라. 나는 회사에 들어간 첫날부터 후회가 밀려왔다. 다른 일이 더 좋아 보였고 지금이라도 당장 그만둬야 하는 건 아닌지 고민했다. 그러나 1, 2년이 지나기 전까지는 자신의 업무에 대해 명확히 알기 어렵다. 업무가 익숙해져서 다른 이들의 인정을 받는데도 후회가 된다면 그땐 즉시 다른 길을 모색하라.

6. 코람데오를 기억하라. 내가 결정한 모든 일들이 그분 앞에서 이루어짐을 직시하라.

부록 4

20대, 내가 느낀 공부, 내가 꿈꾸는 공부
―강호민

아무것도 모르고 공대에 갔다가 이제야 공학의 의미를
조금씩 알기 시작한 대학원 준비생.

"2010학년도 수학능력시험 점수가 발표되었는데요, 영역별로 언어, 수리, 영어 영역에서 만점자가 모두 68명으로 발표되었습니다.…"

수능 시즌이 되고 점수가 발표되면 만점자들에 관한 기사가 쏟아진다. 마치 올림픽에서 금메달을 따고 돌아온 것처럼 그들의 학업 형태는 대한민국 엄마들의 최대 관심사가 된다. 수능 만점자들 대부분은 자신의 만점 비결이 교과서 위주의 철저한 예습과 복습이라고 말한다(물론 이것이 학업에 중요한 기본 요소임을 부정하지는 않는다). 이런 뉴스를 들을 때면 '이들은 나와 다른 뇌 구조를 가지고 있다'는 생각이 들기도 하고, '이제 이들은 의대나 법대에 가서 순탄한 인생을 살겠구나'라는 생각이 들기도 한다. 그러면서 문득 나의 대학 입시 시절이 떠올랐다.

나는 대학 입시를 내 인생의 오점이라고 생각했다. 당시 수능은 역사상 가장 쉬운 출제로 전 영역 만점자를 66명이나 배출했음에도 나는 자신 있던 과목에서 시험을 망쳤고, 평소 성적에 비해 만족스럽지 못한 점수를 받았다. 대학에 진학하긴 했으나 나보다 성적이 좋지 않던 친구들이 더 명성(?) 있는 대학에 다닌다는 생각에 자신감 없이 대학 생활을 시작했다. 새내기 시절을 회상해 보면 암울하고 어두운 기억들이 주로 떠오른다. 수능 성적이 내 자아를 형성해 버린 것 같았다. 당연히 학교생활과 학과 공부에도 별 관심이 없었다. 수능 한 방으로 스무 살의 나는 무능함과 실패감 그리고 낮아진 자존감을 맛보게 되었다.

내가 느낀 이러한 감정은 어디에서 온 것일까? 왜 수능 점수 때문에 스스로를 실패자라고 느껴야만 했던 것일까? 그 동안 배운 지식들과 열심히 공부해 온 노력에 대해 왜 후회해야 했던 것일까? 난 수능의 실패를 인생의 실패로 여기고 있었다. 우리나라는 공부를 인생의 성공과 관련지어 생각하는 경향이 유독 심하다. 명문대에 진학하기만 하면, 그 사람이 가진 가치관과 인생의 목표는 고려하지 않고 그저 성실하고 우수한 학생이라고 평가한다. 물론 세상에는 공부도 잘하고 성실한, 이른바 '엄친아'들이 있기는 하다. 그러나 성적으로 개인의 인간성과 인생의 성공 여부를 판단받는 한국 사회에서, 학생들은 좋은 성적과 좋은 대학에 자신의 모든 것을 걸게 된다.

이러한 분위기는 대학에까지 이어진다. 이제는 학점이 취업의 등급을 결정한다. 연봉을 많이 주는 대기업에 취업하면 무조건 성공한 인생이라고 생각한다. 그러니 대학에서 와서도 성적에 민감해지고, 진정한 공부를 하기보다 우수한 학점을 받아 좋은 회사에 취업하는 것이 목표가 되어 버린다. 또한 좋은 성적을 받기 위해서라면 불의한 일도 서슴없이 행한다. 우수한 성적표를 위해 양심은 잠시 숨겨 두는 것이다.

나의 대학 생활은 그렇게 시작되었지만, 오랜 방황 끝에 대학교에 복학하여 공부를 다시 시작하면서 점점 전공에 흥미를 가지게 되었다. 전공이 뭔지도 모르고 입학한 내가 전공에 대해 궁금해하며 조금씩 변화하고 있었던 것이다.

어느 시험 기간이었다. 한 과목의 시험을 준비하는데 다른 친구들은 거의 대부분 커닝을 준비하고 있었다. 담당 교수님이 시험 감독을 철저히 하지 않는다는 것을 잘 알고 있었기 때문이다. 친구들은 "다들 커닝을 하는 과목인데, 공부를 하는 것보다 차라리 그 시간에 다른 과목 시험을 공부하는 게 더 낫다"며 커닝을 당연시했다. 나도 순간적으로 마음이 흔들렸다. 그러나 아무리 생각해 봐도 양심이 허락지 않았다. 커닝 페이퍼를 나누어 써서 복사하자는 친구의 제안에 "난 공부하기로 했어"라고 대답하면서, 마치 내가 무슨 잘못이나 한 것 마냥 눈치를 보았던 기억이 난다. 정당하게 공부하기로 한 나의 결정이 부끄러운 일인 양 느껴졌던 순간이었다.

지금의 대학 공부 문화는 학문을 잘 이해하고 순수하게 공부한 학생들이 모델이 되기보다, 완벽하게 좋은 학점을 받는 학생들이 모델이 되고 있다. 학문의 동기 자체가 왜곡되어 있는 것이다. 제대로 알기 위해 공부하기보다 좋은 학점을 받기 위해 공부한다. 그렇다고 학점을 포기하고 공부하라는 뜻은 아니다. 정말 학문을 알고 싶어서 공부를 하다 보면 좋은 학점은 자연스레 따라 온다고 생각한다. 실제로 나도 전공에 재미를 붙이기 시작하던 학기에 가장 좋은 성적을 받았다. 당시 나는 수업 시간마다 하나하나 배우며 깨닫고 이해하는 일들이 즐거웠던 것 같다. 커닝을 하지 않았던 그 과목은 커닝을 한 수많은 학생들 덕분에(?) 상대적으로 낮은 학점을 받아야 했지만, 나머지 과목에서는 좋은 학점을 받았다. 또 과목마다 내용이 어느 정도 연결되어 있기 때문에 한 과목을 성실히 공부하면 다른 과목 공부에도 도움이 될 때가 많았다.

그러나 돌아보면 부끄러운 순간들도 있었다. 그중에 하나는 대출(대리출석)을 해주고 또 하기도 하며 스스로를 의리 있는 사람이라 여긴 것이다. 나는 종종 수업을 한 번 빠지게 되면 결석 때문에 학점 깎이지는 않을까 노심초사했다. 어쩌다 빠지는 수업이 생기면 대출을 부탁하기도 하고, 반대로 친구가 대출을 부탁하면 의리상 또는 좋은 기독교인 친구(?)라는 이미지를 심어 주기 위해 대출을 해주었다.

언젠가 3학년 무렵에 또 대출을 부탁 받은 적이 있었다. 그런데 저학년 때는 별 고민 없이 해주던 대출에 대해, 해주면 안 되겠다는 생각이 강하게 들었다. 나는 고민 끝에 대출을 하지 않았고 그 친구는 결석 처리가 되었다. 나중에 친구에게 정직하게 나의 고민과 생각들을 말했는데, 그 친구와의 관계는 아무런 어려움 없이 지금도 계속 유지되고 있다. 그때 나는, 출석하지 않았는데 출석했다고 체크하게 함으로써 정당하게 평가받아야 하는 원칙이 무효화되는 것은 옳지 않다고 생각했던 것 같다. 나 자신이 정당한 평가를 받는 것뿐만 아니라, 다른 사람이 정당한 평가를 받을 수 있게 하는 것도 중요하다는 사실을 깨달았다. 이것이 바로 학문을 하는 데 있어서 중요한 규칙 중 하나가 아닐까 싶다.

스포츠도 규칙을 따라 정당하게 시합을 하듯이 학문 영역에도 정해진 규칙이 있는 법이다. 대출을 하지 않고 숙제를 베끼지 않고 커닝 없이 정해진 시간 안에 시험을 쳐서 학점을 받는 것, 더 나아가 다른 사람의 논문을 도용하지 않고 논문의 내용이나 수치를 속이지 않는 것, 연구비를 정당하게 사용하는 것 등이 학문적 규칙이 아닐까 생각한다.

연구실에서 연구비가 적절하게 사용되지 않는다는 이야기나, 논문 내용을 속인다는 이야기를 들을 때가 종종 있다. 실제로 대학원에 다니는 한 후배는 자신이 연구해서 쓴 교수님의 프로젝트 논문이 있었는데, 거기 올라간 이름 중에 그 연구실 사람이 아닌데도 교수의 지인이라는 이유로 어느 직원의 이름이 올라갔다며, 도무지 연구할 힘이 나지 않는다고 이야기를 했었다. 학문 영역에서 정당한 규칙이 지켜지지 않을 때, 페어플레이가 사라진 축구 경기처럼 학문적 신실함도 기대하기 어려울 것이다.

대학을 졸업하면서 문득 내 전공 학문에 대해 의문이 들었다. 내가 하려던 학문이 너무 경제성을 추구하는 학문이라는 생각이 들었기 때문이다. 과연 이 학문을 하나님 나라와 어떻게 연관을 지을 수 있을까 고민이 되기 시작했다. 더 공부를 해 보고 싶다는 생각이 들었지만 내 결정이 너무 막연한 것 같았다. '만약 내가 전쟁을 위한 무기를 만드는 공장에 다닌다면 나의 일은 하나님 앞에서 어떻게 설명될 수 있을까?', '내가 하늘에 기름을 뿌리고 다니는 비행기를 만드는 공장에 다닌다면 나의 일을 하나님이 어떻게 생각하실까?' 진로에 관해 여러 가지 생각들이 들었다.

고민하는 시간은 나에게 참으로 의미 있었다. 내 공부의 목적을 다시 점검하게 되었고, 학문을 통해 공동체와 사람들을 섬기고 싶다는 꿈을 꾸게 되었다. 학문을 제대로 알기 위해서 열심히 공부하고, 그 배움으로 자신을 살찌우는 것이 아니라 학문을 나눔으로써 이 사회를 윤택하게 만드는 것, 더 나아가 학문에 소외된 사람들에게 그 혜택을 돌리는 것이 학문을 하는 목적이라 생각한다.

따라서 대학 공부는 좋은 학점, 좋은 취업을 위한 도구나 수단이 되어서는 안 된다. 이는 그리스도인에게만 국한된 것은 아니지만, 특히나 그리스도인들은 올바른 공부와 삶을 통해 이 사회를 하나님이 만드신 모습대로 회복해야 한다. 그리스도인의 학문적 신실함이란, 하나님이 세상을 회복케 하시리라는 믿음을 가지고 학문의 규칙을 정직하고 성실하게 지키며 열심히 공부하면서 꿈을 현실로 만들어 내는 사람들에게 어울리는 말이 아닐까? 그리스도인들이 학문적 신실함을 지키고 그것을 삶으로 살아낼 때 이 세상은 온전히 회복될 것이다. 이것이 바로 공부하는 그리스도인의 소명이다.

대학생 시절 나는 선교단체를 하면서 여러 학생들을 만났다. 불신자로 공동체에 들어와서 영접하고 리더로 자라가는 학생들도 있었고, 오랫동안 교회를 다녔지만 하나님을 새로이 인격적으로 알게 된 학생들도 있었다. 공동체에 들어왔다가 계속 남아서 성장해 가는 학생들도 있었지만, 반면에 공동체와 맞지 않아 떠났던 학생들도 많았던 것 같다. 그중에서도 특히 학업 때문에 공동체를 떠난 친구들이 많았다. 그들은 종종 농담반 진담반으로 "공동체 활동을 병행하는 것은 마치 6학점 정도 더 듣는 기분이다"라고 말했다.

공부에 올인하는 요즘 대학생들에게 학업과 선교단체의 병행은 말처럼 쉬운 일은 아니다. 그리스도인 학생들마저 공부를 하기 위해 공동체를 떠나고, 남아 있는 학생들 역시 공부와 공동체와 따로 떼어 놓고 생각하는 것 같다. 공부하러 가는 것이 나쁘다고 말하는 것이 아니다. 공부를 대하는 우리의 자세를 말하는 것이다. 우리는 공부와 신앙 생활을 통합하는 문제를 개인의 문제로만 생각하여 마치 각개전투를 하는 것처럼 홀로 싸워 나간다. 그러나 과연 이러한 방법으로 문제가 해결될 수 있을까?

학문에 임하는 왜곡된 자세와 신실함을 잃어버린 태도는 결국 각자 삶의 영역에서 회복해 가야 하겠지만, 그에 앞서 그리스도인 공동체 안에서 먼저 회복되고 공동체적으로 이 문제를 해결해 나가려고 노력해야 한다. "그러면 구체적으로 무엇을 어떻게 해야 하는가?"라는 질문은, 이제 나와 여러분이 고민하며 풀어 나가야 할 숙제가 아닌가 생각한다.

1. 전혀 새로운 세상을 만나다

1) Murray Sperber, *Beer and Circus: How Big-time College Sports Is Crippling Undergraduate Education* (New York: Owl Books, 2001).
2) Tom Wolfe, *I Am Charlotte Simmons: A Novel* (New York: Farrar, Straus & Giroux, 2004).

2. 바벨론 U

1) Robert Fulghum, *All I Really Need to Know I Learned in Kindergarten* (New York: Ballantine Books, 2003). 「내가 정말 알아야 할 모든 것은 유치원에서 배웠다」(김영사).
2) 바울은 골로새서에서 그 문제를 거론한다. 정확히 말하자면 일부 논란거리가 있었다. 당시에는 종교 개혁가들이 활동하고 있었다. 골로새서 2장은 이 개혁가들이 인간의 전통과 지식에 기초한 종교와 천사들의 비밀 계시를 주장하면서, 그리스도의 복음을 공격하고 있다는 사실을 밝힌다. 바울은 그리스도의 주권을 강조하면서 그들의 가르침에 맞선다. 바울은, 예수님만이 "확실한 이

해"의 근원이시요, "그 안에는 지혜와 지식의 모든 보화가 감추어져 있다"(골 2:2-3)라고 역설한다. 바울은 골로새의 그리스도인들에게 사기꾼의 계략에 속아 넘어가지 말라고 경고하는데 특히, 철학과 헛된 속임수, 사람의 전통, 세상의 유치한 원리에 사로잡히지 않도록 주의하라고 말한다. 골로새의 그리스도인들만 거짓 가르침의 위험에 노출된 것은 아니다. 거짓 가르침은 고대 세계에 만연했고, 오늘날 우리가 사는 세상에도 횡행하고 있다. 다음과 같은 바울의 경고는 그들뿐 아니라 우리에게도 그대로 적용할 수 있다. 정신 똑바로 차려라. 그리스도 안에 뿌리를 박으라. 오늘날의 여러 가지 문제에 대해 깊이 있게 생각하라.

3) 다니엘 3장에 나오는 이 거대한 신상과 2장에 나오는 느부갓네살 왕의 꿈이 어떻게 연관되는지는 분명치 않다. 하지만 느부갓네살 왕은 다니엘이 제시한 꿈 해몽에 비추어 자기 자신과 왕국의 불멸성을 거듭 주장하고 있는지도 모른다.

3. 믿는 것이 보는 것이다

1) 물론, 내가 원하면 세균을 볼 수도 있다. 현미경을 가져다가 슬라이드 위에 침을 뱉으면 될 것이다. 그러나 여기서 말하고자 하는 핵심은, 굳이 그렇게 하지 않더라도 그 귀찮은 세균의 존재를 내가 믿는다는 것이다.

2) David Naugle, *Worldview: The History of a Concept* (Grand Rapids: Eerdmans, 2002)를 보라.

3) James Sire, *The Universe Next Door*, 4th ed. (Downers Grove, IL: InterVarsity Press, 2004), p. 17. 「기독교 세계관과 현대 사상」(IVP).

4) Albert Wolters, *Creation Regained: Biblical Basics for a Reformational Worldview*, 2nd ed. (Grand Rapids: Eerdmans, 2005), p. 2. 「창조 타락 구속」(IVP).

5) Brian J. Walsh and J. Richard Middleton, *Transforming Vision: Shaping a Christian World View* (Downers Grove, IL: InterVarsity Press, 1984), p. 31.

「그리스도인의 비전」(IVP).
6) 이 개념은 요한복음 1장, 로마서 5장, 고린도후서 5장, 골로새서 1장, 요한계시록 21장에 나와 있다.
7) 요한일서 3:1-3, 히브리서 2:7-9, 빌립보서 3:12-16을 보라.
8) 갈라디아서 1:11-24과 사도행전 9:19-30을 보라.

4. 이야기 구조의 삶

1) Tony Campolo and William Willimon, *The Survival Guide for Christians on Campus: How to Be Students and Disciples at the Same Time*(West Monroe, LA: Howard Publishing, 2002), p. 45.
2) T. S. Eliot, *Dante*(New York: Haskell House, 1974).
3) Neil Postman, *The End of Education: Redefining the Value of School*(New York: Vintage Books, 1995). 「교육의 종말」(문예출판사).

5. 물고기 눈 학습

1) Os Guinness, *Fit Bodies, Fat Minds: Why Evangelicals Don't Think and What to Do About It*(Grand Rapids: Baker, 1994); Mark A. Noll, *The Scandal of the Evangelical Mind*(Grand Rapids: Eerdmans, 1994), 「복음주의 지성의 스캔들」(IVP 근간). George M. Marsden, *The Outrageous Idea of Christian Scholarship*(New York: Oxford University Press, 1997). 「기독교적 학문 연구@현대 학문 세계」(IVP, 절판).
2) Albert Wolters, *Creation Regained: Biblical Basics for a Reformational Worldview*, 2nd ed. (Grand Rapids: Eerdmans, 2005). 「창조 타락 구속」(IVP).
3) 추천도서 목록은 www.academicfaithfulness.com을 참고하라.

6. 4I 학습

1) Roy A. Clouser, *The Myth of Religious Neutrality: An Essay on the Hidden Role of Religious Belief in Theories*(Notre Dame, IN: University of Notre Dame Press, 1971); Colin E. Gunton, *The One, the Three, and the Many: God, Creation, and the Culture of Modernity*(New York: Cambridge University Press, 1993)를 보라.

2) Arthur Holmes, The Idea of a Christian College, rev. ed. (Grand Rapids: Eerdmans, 1989), pp. 6-7. 「모든 진리는 하나님의 진리다」(크리스챤다이제스트사, 절판).

3) Holmes, *The Idea of a Christian College*, p. 30.

4) Richard Slimbach, "Re-Imagining a Distinctively Christian Liberal Arts Education", in D. Glyer and D. Weeks, *The Liberal Arts in Higher Education*(Lanham, MD: University Press of America, 1998).

5) J. Richard Middleton and Brian J. Walsh, *Truth Is Stranger Than It Used to Be: Biblical Faith in a Postmodern Age*(Downers Grove, IL: InterVarsity Press, 1995), p. 192. (IVP 역간 예정).

7. 무모한 생각의 구체화

1) John Stott, *The Contemporary Christian: Applying God's Word to Today's World*(Donwers Grove, IL: InterVarsity Press, 1992), p. 101. 「현대를 사는 그리스도인」(IVP).

2) Stott, *The Contemporary Christian*, p. 28.

3) Brian J. Walsh, "Christian+University=?" in *Cue: The Signal to Begin*(Preview issue, 1995, available at www.ccojubilee.org/resources/theology/unisalsh.html).

8. 미끄럼틀과 사다리

1) Maryknoll, NY: Orbis Books, 1980.
2) Marsden은 「기독교적 학문 연구@현대 학문 세계」에서 그와 같은 동향에 찬성론을 펼친다.

옮긴이 **이지혜**는 연세대학교 영어영문학과를 졸업하고, 한국기독학생회출판부 편집부에서 일했다. 영국 Oxford Brookers University에서 출판을 공부하고, 현재는 프리랜서 번역 및 출판 기획자로 활동 중이다. 옮긴 책으로는 「냅킨 전도」, 「오늘 허락된 선물」, 「데이트, 그렇게 궁금하니?」, 「그리스도인의 양심선언」(이상 IVP), 「반짝이는날들」(청림출판), 「교회, 스타벅스에 가다」(국제제자훈련원) 등이 있다.

공부하는 그리스도인

초판 발행 2010년 1월 12일
초판 9쇄 2025년 9월 30일

지은이 도널드 오피츠·데릭 멜러비
옮긴이 이지혜
펴낸이 정모세

편집 이성민 이혜영 심혜인 설요한 박예찬
디자인 한현아 서린나 | 마케팅 오인표 | 영업·제작 정성운 이은주 조수영
경영지원 이혜선 이은희 | 물류 박세율 정용탁 김대훈

펴낸곳 한국기독학생회출판부 | 등록번호 제2001-000198호(1978.6.1)
주소 04031 서울시 마포구 동교로 156-10
대표 전화 (02) 337-2257 | 팩스 (02) 337-2258
영업 전화 (02) 338-2282 | 팩스 080-915-1515
홈페이지 http://www.ivp.co.kr | 이메일 ivp@ivp.co.kr
ISBN 978-89-328-1135-2

ⓒ 한국기독학생회출판부 2010

책값은 뒤표지에 있습니다.
무단 전재와 복제를 금합니다.